CW00501964

BENDITA CULPA

Elisa Agudo

Prólogo de Noja Polman

BENDITA CULPA

Manual del disfrutón

"BENDITA CULPA. Manual del disfrutón"

Primera edición: diciembre de 2021

© Elisa María Agudo Hernando, 2021
© Noja Polman, por el prólogo
© Amparo Gutiérrez Silva, por el diseño de la cubierta
© César Santos, por la fotografía de la autora

ISBN: 9781973439424

Impreso por Amazon Kindle Direct Publishing (www.amazon.com)

A Carmina Lozano,
por ser mi mayor fuente de culpa en el momento preciso
... y por liberarme de ella antes de irse.

ÍNDICE A: Cronológico

ÍNDICE B: Temático

Y DÓNDE ESTÁN MIS DISFRUTES (PARA ESO ESTAMOS AQUÍ):

PRÓLOGO

Que la vida duele es un hecho; que es maravillosa, también.

En ese constante vaivén del dolor al placer, del sufrimiento al disfrute, nos movemos todos. Unos lo afrontan de una manera enérgica y positiva y a otros les cuesta un poco más. La vorágine del día a día, la rutina de la repetición de patrones, el efecto 'bola de nieve', ... va sumergiéndonos en un bucle de velocidad de crucero del que es muy difícil salir, que nos agota física y mentalmente. Ante esto, nos exigimos quietud, calma, silencio, reposo, ...

Bendita Culpa cumple con creces los parámetros de esa exigencia; se nos ofrece como elemento de pausa, como instrumento para la reflexión. Su lectura invita a mirarnos hacia dentro, buscando ese espacio para la evaluación continua.

En ese viaje interior que nos propone Elisa, he podido darme cuenta de la importancia de la culpa como mecanismo de autocontrol, el "descanso en cada mirador". Un detonante para el descubrimiento de fortalezas y debilidades que me ha ayudado a encontrar el camino de esa paz interior de la que nos habla. A través de estas páginas, certifico la generalidad de la culpa y una ligera sensación de alivio me invade al observar que las referencias internas del bien y el mal que yo tenía se extienden a un amplio abanico de personas de diferentes ámbitos, edades y estratos sociales.

Elisa utiliza la culpa para desnudar su sufrimiento interno, exponerlo al resto y, de esa manera, meditar sobre la importancia que tienen nuestros problemas en una escala global. No comparándolos, sino a modo de caleidoscopio, donde una situación común se puede observar desde diferentes puntos de vista.

De una manera muy amena, Bendita Culpa nos permite identificar nuestras emociones y utilizarlas para regenerar la empatía, muchas veces soterrada por la 'sobreaceleración' de nuestra sociedad; el reconocimiento de estas emociones nos puede ayudar a gestionar y desenquistar la culpa. Elisa va desgranando con un estilo directo y cercano historias cotidianas, en las que mezcla con alevosía su talento para escuchar con la provocación para despertar mentes aletargadas por la monotonía diaria. Esas historias van completando un puzle variopinto, en el que todos nos sentiremos identificados de una u otra manera.

Conocer nuestras debilidades nos hace más fuertes. A través de su facilidad para comunicar, Elisa nos ofrece estar atentos y darnos permiso para disfrutar. Aceptemos su regalo.

Noja Polman
Autor de "Puntos de sutura"

TEST: DESDE DÓNDE EMPIEZAS ESTE VIAJE

Este es un test poco científico y muy aproximativo, para ver en cuál de los grupos de riesgo encajas mejor 😀:

Contesta sólo SÍ o NO. Si dudas, elige lo que te pase más a menudo.

GRUPO A:

1. Duermo ocho horas al día entre semana.
2. Duermo más de ocho horas los fines de semana.
3. Me echo siestas de vez en cuando.
4. Algunas veces me aburro y no me importa.
5. Me lo paso pipa en (casi) todo lo que hago.
6. Nunca tengo suficiente ocio en mi vida. Si no hay plan, me lo invento.
7. Me siento en paz cuando estoy a solas conmigo/a mismo/a.
8. Me encanta mi trabajo y lo disfruto (casi) cada día.
9. Los lunes son un poco peores que los viernes, pero aun así me levanto con muchas ganas.
10. Siempre trato de interpretar lo que me sucede con optimismo.
11. Aprecio cada momento de la vida, por insignificante que parezca.
12. Celebro todos mis logros, conmigo mismo/a o en buena compañía.
13. Tengo unos/as amigos/as increíbles.
14. Me vuelve loco/a bailar. O las actividades que me ponen a tope de adrenalina.
15. Disfruto de mis cinco sentidos todo lo que puedo y me doy caprichos de vez en cuando.
16. La naturaleza me hace sentir conectado/a y pleno/a.
17. Soy mejor persona cada año que pasa.
18. Creo que hay otras dimensiones más allá de las que vemos.
19. Creo que el principal objetivo de mi vida es ser feliz.
20. Me siento afortunado/a.

GRUPO B:

1. Siento culpa por ser mal hijo/a.
2. Siento culpa por ser mal padre/madre. O por no serlo.
3. Siento culpa por ser mal hermano/a.
4. Siento culpa por ser mal amigo/a.
5. Siento culpa por ser mala pareja. O por no tener una. O por querer tenerla.
6. Siento culpa por ser mal empleado/a.
7. Siento culpa por ser mal jefe/a.
8. Siento culpa por ser mal compañero/a.
9. Siento culpa por no atreverme a seguir mis sueños.
10. Siento culpa por gastar demasiado dinero. O culpa por no ganar más.
11. Siento culpa por dormir demasiado.
12. Siento culpa por no aprovechar el tiempo cuando estoy despierto/a.
13. Siento culpa por no ser capaz de descansar. O la siento cuando estoy descansando.
14. Siento culpa por no saber disfrutar, o por disfrutar más de lo que merezco.
15. Siento culpa por no tratarme tan bien como debería.
16. Siento culpa por no ir a misa los domingos. O por ir, pero no hacer ni caso.
17. Siento culpa por creerme superior a los demás. O inferior.
18. Siento culpa por no ayudarles más.
19. Siento culpa por haber sentido a veces cosas malas, sobre ellos o sobre mí.
20. Siento culpa por el pasado.

Y ahora, muy fácil: cuenta cuántas respuestas afirmativas tienes de cada grupo y abre los ojos: eso es lo que predomina en ti. Si tienes mayoría del grupo A, eres un disfrutón profesional, o estás en camino. Si tienes mayoría del grupo B, es muy posible que la culpa y el sufrimiento no te dejen vivir, así que vamos a pasear juntos por estas páginas, para ver si tu personaje victimista deja paso a la persona radiante que eres en lo más profundo.

¡Ah! No te preocupes si por ahora no entiendes por qué has obtenido ese resultado, o si no te convence para nada. Espero que a lo largo del libro puedas integrarlo mejor. De momento, sólo respira.

Una última advertencia: si todas las canciones de la playlist de sufridor (¡sí, ahora viene!) se encuentran en tu lista de favoritas de todos los tiempos, quizás debas revisar tu espíritu melancólico...

¿Y ahora qué?

Si ha ganado el disfrute:
- regálale este libro a alguien que veas que sufre con la culpa, ¡para que cambie el chip!
- lee este libro para comprenderle.

Si te ha podido la culpa:
- lee este libro para aprender a soltarla ¡y empezar a disfrutar como te mereces!
- regálale este libro a un disfrutón cercano, para que sepa que no sufres a propósito.

Y si quieres que tus amigos también se calculen el disfrute, pásales el test. Puedes escanear este QR para descargarte la plantilla y resolverlo cómodamente:

1

Bendita Culpa

PLAYLISTS PARA ACOMPAÑARTE

Un buen viaje merece una buena lista de canciones que ponga la banda sonora. Y este podría ser uno de los más intensos que hagas, incluso sin salir de casa, porque los viajes al interior son siempre los más atrevidos... y los más enriquecedores.

Por eso he querido compartir contigo los temazos que a mí me han acompañado todos estos años, en los momentos de catástrofe total, o en los de alegría desbordante. Y así los he separado, para que puedas elegir en cada momento cuál es tu humor y te dejes envolver por melodías que sintonicen con ese estado anímico. No he querido complicarte eligiendo música para cada capítulo, eso es cosa tuya. Y también lo es usar estas listas para otros momentos que no sean leer el libro, claro.

Las canciones del sufridor pretenden exorcizar a esa parte de ti, para que la dejes salir cuanto antes, pero no sin antes despedirte de ella. Porque el duelo tiene su propósito: darte tiempo para que descanses, vuelvas a ti y te reconectes. La tristeza hay que verla, reconocerla, abrazarla y después abrirle la puerta para permitirla marchar. Sólo así podrá reconfortarte.

Las canciones del disfrutón buscan sacar al que habita en ti, porque todos llevamos uno dentro, más o menos escondido. No son sólo grandes canciones, sino ritmos para darte subidón en un día de bajón, o letras potenciadoras que te recuerden lo increíble que eres. O, simplemente, el sonido de fondo que querrías poner en una fiesta donde sólo hay sitio para el buen rollo y la diversión.

Bendita Culpa

"Es preciso tener un caos dentro de sí
para poder dar a luz una estrella fugaz"

(Friedrich Nietzsche)

Bendita Culpa

¿ESTÁS PREPARADO?

Bendita Culpa

Capítulo 1

BENDITA CULPA

Aquí estoy, sentada en mi silla de playa turquesa, escuchando a las gaviotas gorjear por encima del bramido de las olas.

Se me ocurren pocas formas mejores de generarme culpas un Lunes de Pascua, cuando todo mi mundo conocido ha vuelto al trabajo después de una Semana Santa semi-encerrados. Y yo aquí sentada, en mi nuevo rincón marino, después de doce días instalándome en un cortijo, al sol de la Costa Tropical. Me pregunto a mí misma cómo he podido acabar aquí, pero una voz me responde desde dentro, rápida y rotunda, aunque bastante incrédula: "Debe ser que te lo mereces, algo habrás hecho".

Es como si mi interior supiese cosas que yo desconozco, como si mi vida estuviese rodándose en un set alternativo, diferente al guión de la vida que yo había escrito. Uh script de trabajo duro, sacrificio y esfuerzo, con recompensa final, allá por la senectud. Que, casi sin darme cuenta, se ha convertido en un bestseller hollywoodiense, que no necesita esperar a que yo sea viejita, ni que me deje la piel insistiendo con planes de negocio fallidos. Este guión sólo tiene localizaciones de ensueño, banda sonora épica, protagonistas de Óscar.

Así que yo me miro y me remiro y no entiendo nada. ¿Qué ha sido de mi manuscrito? ¿Quién me ha dado el cambiazo? ¿Dónde están el sufrimiento y el merecimiento? ¿Cuándo se acaba este disfrute? ¿Cuánto será el precio que he tenido que pagar? ¿Por qué nadie me avisó de que estas secuencias estaban disponibles? Seguro que hay alguna trampa, lo sé. No puede ser cierto, tanta belleza, esta paz del alma, y todo gratis... aparentemente.

Bendita Culpa

Capítulo 2

PARA QUE ME ENTIENDAS

¿UN OXY... QUÉ?

Un oxímoron es una figura literaria para expresar una contradicción. Es lo que uso en el título y que a mucha gente le provoca pararme en las ferias y decirme: "Te has debido equivocar... será maldito, ¿no?". Pues no señora, lo cierto es que me gusta provocar, aunque sea una reflexión: de ahí la marca BenditoLunes, un primer libro llamado "Bendito Virus", y ahora esto.

Escribiendo el primero, me di cuenta de que exhalaba culpa por los cuatro costados... y después de atravesar año y medio de pandemia, comprendí que no era yo sola, sino que también es la principal fuente de sufrimiento de toda la sociedad occidental. La culpa nos creció durante el desconfinamiento, o si no échale un vistazo a aquella Lista de los Afortunados.[1]

Las dos cosas que más me han dicho desde que lo publiqué son: "Es que piensas demasiado" y "Es que eres demasiado sensible". Pero es como si alguien te pidiera que intentases no tener los ojos marrones, o cualquier otra cosa difícil de cambiar, o directamente imposible físicamente: no se puede. Sí, ya sé que hay un sinfín de terapias variadísimas, pero después de todas las que he probado, creo que lo mío no tiene remedio. Y además, ¿quién te ha dicho que quiera remediarlo?

La tercera es "Qué valiente", así que lo que estoy haciendo es atreverme con algo más difícil. Pero te advierto que, si con el virus hice un ejercicio de desnudez, lo que tienes de frente ahora es un exorcismo en toda regla.

---

[1] Capítulo 25 de "Bendito Virus, diario de una pandemia"

Eso sí: no olvides que todo lo que vas a leer es sólo mi opinión y mi vivencia, o la de aquellos que me han prestado la suya. Puedes no estar de acuerdo, pero como mínimo verás otras opciones posibles.

SI TÚ TAMBIÉN SIENTES CULPA: MIS PORQUÉS

Este libro lo empecé en 2016 y se iba a llamar algo como "Disfrutones vs Sufridores", pero he tardado unos años en terminarlo porque en su momento necesité parar, por varias razones.

La principal es que me pareció excesivamente personal para ser el primero. Realmente lo empecé a escribir antes que el anterior, pero lo dejé a mitad porque me parecía demasiado íntimo... y que ironía, mira la que he liado con el otro, lo que parieron mis entrañas en confinamiento fue nivel confesión.

Durante todo este tiempo, comprobé un absurdo: cada vez que preguntaba a alguien, a quien yo desde mi perspectiva veía claramente sufridor, si se sentía así, todos los negaban. Pero lo que no he conseguido que nadie niegue es que les mata la culpa, la segunda lacra de occidente y en concreto de España (después de la envidia, deporte nacional).

La idea del libro surgió en un momento de máximo disfrute, en un resort de una idílica villa de prestigio en Brasil. El input de escribirlo me llegó en un momento de máximo dolor, en una desierta playa del sur de España. El sentido de urgencia me vino en un momento de máxima estupidez, durante un ataque autoprovocado de ciática.

Aun así, me parecía muy frívolo (además de totalmente irrelevante) ponerme a escribir un libro cuando todavía seguíamos en mitad de una pandemia, pero justo en ese preciso instante me di cuenta de que lo que efectivamente me generaba era culpa. Culpa exactamente igual que la que me provocaba sentarme a escribir estas palabras una mañana de otoño, sentada en una tumbona al sol. Y en ese momento, entendí que precisamente por eso debía hacerlo, porque toda esta situación mundial en general (y sus consecuencias en mi vida en particular) lo que hacían era poner de manifiesto todo mi sufrimiento interior, solo un pequeño espejo de todo el gigantesco sufrimiento exterior.

Y esa es la razón de que me haya atrevido a escribir esto, compartir contigo que como seres humanos hemos venido a este planeta para disfrutar, y que si me estás leyendo con salud y un plato de comida en la mesa, todo el resto no es tan importante y podrías (deberías) aprender a trascender ese sufrimiento y esa culpa, para agradecer todo lo que tienes... y especialmente todo lo que eres.

SI TÚ YA ERES UN DISFRUTÓN: TUS PARA QUÉS

¿No sabes si este libro te va servir o a gustar? Te regalo la visión de dos súper expertos que conozco:

Según el disfrutón perenne (sí, el mismo que prologará este libro, si me acepta el honor):

- "Para confirmar que lo eres.
- Para reflexionar sobre cómo has llegado a serlo.
- Para ayudar a otros disfrutones, reafirmando con un manual lo que tú ya les dices siempre ☺
- Y por si acaso, para que comprendas a alguien cercano a quien le mata la culpa.
- Yo soy muy disfrutón, pero creo que a esa actitud hay que echarle ganas cada día."

Según la eterna culpable (mi bendita Isa[2], cuánta lucidez compartida):

- "Para tener consciencia de que el disfrute no viene de serie.
- Para que conozcas el inmenso valor que tiene tu don.
- Para ampliar y profundizar tus disfrutes.
- Para que tengas la certeza de que se puede salir del bucle de culpabilidad, si tú quieres.
- Por el reto de estimular al de al lado: expande la ola."

En cualquier caso, si empiezas a leer y ves que no conectas con la culpa nada de nada, imagina que es cualquier otro sufrimiento conocido y

---

[2] Web de Isabel Cañelles, Escribir y Meditar

sigue leyendo. Porque ni te imaginas cuántos somos así, te sorprendería saber que la mayoría.

¿Y SI NO SOY NINGUNO?

Si sigues sin tener claro de cuál de los dos grupos eres, es porque hay una tercera opción: estás **en tránsito**. Y no, no puedes ir para atrás, sólo para adelante: desde el sufridor y culposo hacia el disfrutón. Eso da para toda una vida, pero puedes empezar hoy. Y quizás te apetezca empezar por aquí.

SÍ, YA SÉ QUE NO NECESITO JUSTIFICARME, PERO...

Antes de que empieces a leer, debo aclararte que soy una P.A.S., una *multipotentialite*, y una Leo con ascendente sagitario y luna en acuario. Sólo son etiquetas, ni mejores ni peores que si te digo que además soy viajona, foodie, y amazona. Pero es para situarnos y que después no te sorprendas si te parezco demasiado intensa, o demasiado dispersa.

Quiero contarte también que algunos lectores de "Bendito Virus" me han llamado *pija fascista*, además de otras lindezas como *roja*, que me cuesta de casar con la anterior tratándose del mismo libro, en fin. Lo de pija no es algo que yo eligiera directamente (me refiero a la procedencia, no a la actitud) y lo estoy asumiendo paso a paso, mientras honro mis raíces. Pero lo de fascista contradice totalmente mis principios, porque precisamente apoyo el lado opuesto del esquema de Nolan, el de los liberales. Así que aquí estoy, en tierra de maquis, honrando también a aquellos que tuvieron que esconderse en estas sierras andaluzas sólo por haber nacido en este lado.

A cuenta de todo esto, si tuviera la oportunidad de mandarle un mensaje a mi yo de los 20 años desde mi yo de los 47, le diría como mínimos estas tres cosas:

1) Asume cuanto antes que eres una pija.
2) Asume cuanto antes que el coaching no es una profesión.
3) Trabájate cuanto antes que has nacido *pobre de mente*.

Y eso me lleva a repasar las fases de mi evolución: Nací viviendo en la abundancia, pero siendo una sufridora. Muchos años después empecé a dejar salir a la disfrutona, cuando tenía menos ingresos que nunca. Me he decidido a escribir el libro ahora, que me siento rica y disfrutona. Ojo, que he dicho que me siento, no que lo sea, por eso necesito liberar toda la culpa. Y para deshacerla, me sienta bien pensar en todo lo que me he maltratado hasta ahora, en que ahora me quiero más y que esto ya es un gran logro.

Y tú dirás: "¿pero esta tía es tonta o qué?" Y yo contestaré: Todos tenemos nuestras taras, pero las mías dan para escribir varios libros 😊

Este libro es duro y a la vez alegre... drama y comedia, como la vida misma.

SÓLO ESTA PÁGINA DE TEORÍA

En este apartado que lees ahora mismo cabe toda la teoría sobre la culpa que hay en el libro, el resto es todo experiencia en estado puro.

Para este libro me he dejado sentir y fluir como nunca, pero también me he documentado un montón y he tenido largas charlas con personas que para mí son un referente. Y una tarde, hablando con una grandísima amiga, nos surgieron entre las dos todos estos tipos de culpa:

- Culpa por no ser: alta, baja, gorda, delgada, rica, pobre, independiente, extrovertida, o lo que sea que te cueste cambiar.
- Culpa por no ser suficiente, o lo suficientemente buena: madre, hija, hermana, pareja, amiga, ciudadana...
- Culpa por no dar: mi tiempo, mi alegría, mis recursos, o por ejemplo por no darle media vida a nuestros clientes. Maldito síndrome del impostor.
- Culpa por no aceptar: negativas, cambios, imprevistos, contratiempos...
- Culpa por aceptar situaciones o regalos: me pasa a veces con cosas que no he pagado yo, o en algunos casos en los que recibir el regalo conlleva compensarlo con algún kit emocional. ¿Será que me he sentido pequeña por no merecer? Pero ésta, justo ésta, mi

amiga no la tiene, así que debe ser que no siempre la culpa está unida a la autoestima.

- Culpa por marcar límites: la madre de casi todos los conflictos. Uno de los que me da más culpa: decir que no.
- Culpa por cosas muy específicas de nuestras profesiones, por ejemplo: yo antes me resistía a catalogar a mis clientes según lo que me pedían y a renunciar a algunos de ellos. Pero verdaderamente, si pienso a quién puedo ser más útil en este momento y con quién soy más afín, me puedo desentender de mucha gente que en el fondo me drena. Si me concentro sólo en aquello de lo que sé algo, ambos aumentamos nuestra energía, y yo puedo enseñar y aprender a la vez. Esa es una razón más para este libro.

LAS PALABRAS IMPORTAN

Podríamos detenernos a distinguir matices entre las palabras 'culpa' y 'culpabilidad' y a los distintos sentimientos que generan. Pero no estoy aquí para ningún análisis morfosintáctico ni etimológico, sólo te doy mi definición para que nos pongamos de acuerdo: si digo que alguien tiene la culpa, le consideraré **culpable**; si alguien siente culpabilidad, le llamaré **culposo**.

Luego ya, metidos en harina, seguramente los use indistintamente, pero es para que sepas que *sentir* la culpa no tiene por qué implicar *tenerla*, ¿o es que a ti no te pasa? Por ejemplo, uno de mis protagonistas se siente culposo *por* ser gay... aunque, obviamente, no es culpable *de* ser gay.

Y qué decir de #disfrutón. Que mientras que la RAE decide si lo acepta o no, yo me he dado permiso para usarlo hace años y es uno de los *palabritos* más contagiosos que conozco.

TIPOS Y RAZONES, DE QUÉ VAS CON TANTA CLASIFICACIÓN

Eso digo yo, que no me apetece ordenarlo todo tanto, como haría la antigua Elisa. Así que he pasado de separar este libro en dos secciones, como pensé al principio, una de culpables y otra de disfrutones. Y tampoco he querido enredarme en subsecciones dentro de la culpa, porque ya verás que las hay de distinto calibre. Directamente he dejado todo en el orden en que lo iba escribiendo, entremezclado para que se haga más entretenido, y lo he listado en detalle en el índice por si buscas algo concreto.

TU HISTORIA O MI HISTORIA

Eso sí: te vas a encontrar culpas grandes y pequeñas. Como es lógico, empecé a escribir las más facilonas, pero después se empeñaron en salir de su escondite las culpas gordas. Lo que pasa es que para las pequeñas me bastaba sola, y para las grandes he necesitado ayuda. Por eso me he apoyado en los testimonios de amigos, conocidos, o clientes, que directamente me han compartido su sufrimiento. Aunque las he escrito en forma de cuentos mezclados de varias personas a la vez, con nombres por supuesto inventados, para preservar su intimidad y proteger su identidad. He pensado que, ya que la empatía normalmente se me sale por las orejas (cosa que no siempre es buena), podía al menos usarla para meterme en sus zapatos... y de paso, aprender a construir perfiles de personajes, concretamente 11, sacados de una treintena de historias verídicas.

Pero no pienses que lo que leas será en plan documental ni entrevista, no. He entretejido esos relatos con mis propias vivencias, porque no me gusta hablar de nada que no conozca en primera persona. Así también convierto mis sentimientos en menos inconfesables y evito censurar mi propia mirada, pues al ver errores de otros, empatizo más de lo que suelo hacerlo conmigo, comprendo con mayor compasión y me perdono a mí misma. Y, además, hago mis culpas un poco más llevaderas, porque apoyándome en la fortaleza de quienes vivieron cosas parecidas, consigo reconocer mi propia fuerza, que me ha traído hasta aquí.

Así que, si crees identificar a alguien, no importa si la culpa es real, ni tampoco de quién. Recuerda sólo que todos sentimos la herida.

En las culpas propias he tratado de llegar a una resolución, que por supuesto es solo mía, personal e intransferible. En las ajenas, he llegado hasta donde han sabido o podido transmitirme. Esos capítulos no siempre acaban bien, pero como no son míos, no he querido resolverlos.

Los dejo en tus manos para que ayudes a los protagonistas a pensar soluciones nuevas para salir de sus enredos, o para que salgas de los tuyos propios inspirado por alguna de estas aventuras. Dejo abierta la solución, para que me ayudes a encontrar un sentido en el que perdonarles, perdonarte, perdonarme. El perdón es el final de toda la culpa. Y el inicio de todo disfrute.

CÓMO LEER ESTE LIBRO

Quizá te haya sorprendido encontrarte un índice doble: cronológico y temático. He querido darte dos opciones:

Puedes leer del tirón y será cronológico. Es lo que te recomiendo, porque tendrá más sentido y verás una evolución en mí. También porque los momentos de ímpetu suben y bajan, así podrás tener en medio un poco de descanso del alma.

Pero también podrías elegir lo que necesitas leer en cada momento, decidiendo racionalmente (mirando agrupaciones por su tema en el índice), o bien intuitivamente (escogiendo un capítulo al azar).

No hace falta que sientas todas las culpas (como yo). Ni siquiera es preciso que sientas ninguna en absoluto (¡olé tú, so disfrutón!) Pero si has reconocido aunque sea una sola, o has hecho tuyas las palabras de alguno de los personajes, o mis aprendizajes te han reconfortado, es misión cumplida para mí.

Capítulo 3

CULPA

Desde este rincón de sombra en el que me he cobijado, oigo a un jardinero municipal recortando las hojas de *mis* palmeras.

En el coche venía rumiando cuánta sensación de culpabilidad me genera estar aquí, en este sitio tan disfrutón, cada vez que hablo con amigos en Madrid, bajo la lluvia de estos días. Pero esta escena es mucho mejor para ilustrar el capítulo de hoy, *¡'ande va a pará!* Un trabajador público mirando de reojo cómo una tipa claramente forastera, con pintas guiriloyas, se recrea en la playa un jueves a las 11 de la mañana. Intento decirme que yo también estoy trabajando, pero el rugir de las olas, mar bravo hoy, no me deja concentrarme en mis pensamientos victimistas. No puedo evitar tener asociada la palabra 'trabajo' con un montón de rutinas sacrificadas que los humanos repetimos de lunes a viernes. Y eso con suerte, porque podría ser también de finde, o en actividades infinitamente más esforzadas que mi habitual despacho. Y por eso me cuesta aceptar este regalo doble: que lo que hago sea tan tremendamente vocacional y que además pueda hacerlo en un entorno tan increíblemente atractivo. No dejo de preguntarme por qué yo merezco algo así y sin embargo hay tantas otras personas que se encuentran tan lejos de poder alcanzar este nirvana. No es justo, me repito. No está proporcionada esta recompensa, ni equilibrado este mundo. Y una punzada de vergüenza mezclada con pudor me pellizca el pecho, porque quién soy yo.

Entonces recuerdo el camino hasta aquí. Las oportunidades perdidas, las puertas cerradas en mis narices, la angustia de ser invisible, la impotencia de no ser útil, la humillación de no ser reconocida, la ira por las traiciones, la tristeza por los desengaños. Los pasos de 1.001 transiciones profesionales. La esposa leal, la compañera dispuesta, la directiva consciente, la hija abnegada, la prima repudiada, la nieta negada, la sobrina desconocida, la niña herida. Las facetas de 1.001 mujeres que me habitan. La soledad del emprendedor, el trabajo duro, los cursos sin fin, los festivos estudiando, los laborables madrugando, los años viajando por negocios, las noches indexando. Los 1.001 hitos de una curiosa, reinventona y resiliente. Las listas de deseos, los protocolos de limpieza, los rituales de purificación, las proyecciones de objetivos vitales, las visualizaciones de sueños cumplidos. Los 1.001 hechizos multidisciplinares, que al final han logrado la magia.

No ha sido gratis, no. No lo es tampoco ahora. Las inversiones han tomado forma en euros, en horas, en lágrimas, en oraciones, en mucho ajuste de expectativas. Y todo eso me hace merecedora. Tendría que bastar con ser buena persona y con ofrecer mi vocación de servicio, pero en ese caso volvería al bucle de por-qué-yo-sí-y-otros-no. De modo que prefiero pensar que me lo he ganado. Por méritos propios y con agradecimiento a quienes lo hacen posible. Sentirme tan afortunada debería ser suficiente para desplegar a la disfrutona en mí. Así que no pienso permitir que la culpa lo acapare todo. Aunque me cueste desterrarla.

Y para eso es este libro.

Capítulo 4

SUFRIMIENTO

No es culpa lo que siento ahora mismo, no. Y desde luego, no es disfrute. Es sufrimiento, en estado puro; crudo, diría yo.

Acabas de decirme que no soy nada tuyo. Que los lazos que nos unían no los reconoces. Que los vínculos que nos habían acercado se han congelado en un infierno. Y no sé si quien habla es tu cabeza dispersa, o tu ego herido, o tu enfermedad intermitente. Quiero pensar que no es tu corazón quien ha permitido expresarse a tu boca, con esa mueca de disgusto, esa mirada de desesperación como de una encerrona, esa urgencia por colgar.

La videollamada ha sido corta, pero intensa. Sobran las explicaciones, faltó la intención. No se puede obligar a un corazón roto a recomponerse en un Whatsapp, no sin los años dedicados a una reconciliación, no antes de asentir a un pasado que aún duele demasiado, aunque sea de hace 50 años.

Te quiero, Martín. No importa si es recíproco, no importa si es sólo un espejismo. Importa sólo que tenía que intentarlo. Lo llevo en el nombre.

Bendita Culpa

Capítulo 5

¿DISFRUTE?

La vida es esto. Una sucesión de olas que se siguen la una a la otra, acompasadas por su propio ritmo constante... Hasta que de pronto una, contestataria y rebelde, se independiza y cambia la cadencia, el caudal, incluso el sonido al romper. Una ola de 1 m que arrolla a cualquier ser diminuto de la orilla, para después retirarse llevándose el fondo tras de sí. Y, de nuevo, la cadencia de mini olas de 30 cm, apenas imperceptibles, casi sin espuma, durante minutos y minutos.

Observo la metáfora desde mi silla turquesa de poliéster, bajo esta palmera que parece privada, o al menos reservada para mí. La playa está desierta en esta época del año, no estoy acostumbrada a verla así, y mucho menos en *modo residente*. A 300 m a mi derecha veo a un autóctono tirando una caña de pescar, casi con la misma cadencia de las olas. Otros 200 m a mi izquierda hay una pareja de guiris en tanga, morenos a rabiar a pesar de la enorme sombrilla que les cobija... y de que aún estamos a primeros de abril. Casi a mi altura, pero en la parte mojada de la arena, se acaba de instalar la cuarta habitante de este kilómetro de litoral: una chica con una esterilla de yoga que, ignorando nuestras distraídas miradas, se ha puesto a hacer el saludo al sol.

Ese es todo el paisaje. Y yo me sorprendo haciendo nada más que mirarlo. Contemplación de la belleza, sin más... a eso sí que estoy poco acostumbrada. Por eso soy capaz de percibir las variaciones en las olas, porque llevo mirándolas casi media hora. Por eso encuentro la similitud con mi propia vida: un ritmo estable, con hábitos más o menos discretos, que sin previo aviso se ve alterado por un cataclismo emocional, que me desconcierta y me deja preguntándome qué pasó, por qué tragué agua, justo antes de volver a transformarse en el mar manso y rítmico que era en el instante anterior.

Navegar a barlovento, le gustaba decir a Teresa. O jugar con los remolinos, como el pastor alemán que se acaba de incorporar a mi paraíso, antes incluso de que su dueño esté a la vista. Ambos son formas de afrontar las mareas y las corrientes: la primera, desde la lucha; la segunda, desde el fluir. Los dos son válidas, las dos independientes del tamaño de la ola, las dos incapaces de predecir las medidas de la siguiente, o si la climatología será adversa o se acondicionará. Pero todos elegimos una, más o menos conscientes, más o menos despiertos, más o menos dedicados a esa labor.

El perro y su humano se acercan paseando, me miran desde lejos, me digo que ellos también estarán haciendo hipótesis sobre esta extranjera con pamela. Pero yo sólo estoy disfrutando.

Capítulo 6

CULPABLE O CULPOSA

Días intensos, esta última semana. Un nuevo salto de la ciudad al mar, después de un montón de gestiones y de visitas. Retorno a la tranquilidad de mi paraíso particular, con vistas de frente y un gallo de fondo, dispuesta a retomar el ritmo de escritura de la última vez. Pretendo bajar a la playa todas las tardes, recuperar el Qigong que se me ha escapado, volver a sumergirme en la lectura de esa novela que me tiene atrapada. Y escribir, escribir, escribir, que ha surgido mucho material de mi incursión madrileña.

Pero pasa un día. Y nada. Y otro, y no encuentro el momento. Y van tres y yo sigo sin ver el mar. Al principio me digo que es normal, que estoy montando la casa, que hay mucho que hacer, que sólo es pillar ritmo. Pero cada tarde en mi jaula de oro me hace despotricar sobre dónde se me ha ido la mañana. Que la casa está montada y lo de muchas cosas que hacer es la cantinela de siempre. Un torniquete que me sujeta las sienes desde que tengo uso de razón y que, según el día, aprieta tanto que temo que el cerebro me vaya a explotar. Tareas y más tareas, que se multiplican en mis listas y se solapan en el calendario. Obligaciones que nacen, crecen, se reproducen y nunca mueren. Pequeños y grandes objetivos que casi siempre me dejan con sensación de incompleta.

Y entonces recuerdo a Rut Muñoz[3] y sus 'raíces del cielo'. Y me estremezco de nuevo con su pregunta crucial: "... porque ¿quién soy yo, si dejo de hacer?"

Soy culpable de no saber parar. Culpable de trabajar de más, de rendir de menos. Culpable de no escuchar mis necesidades, de despreciar mi cansancio, de ningunear el ocio, de no saber estar sin hacer. Culpable de

---

[3] Instagram @rutmunozformacion_

no disfrutar de los dones que la vida me ofrece, de sentirme culposa de tantos privilegios. Culpable de no fluir con las estaciones ni las mareas, de no respetar al menos mis ritmos vitales.

Soy culpable de machacarme desde hace 40 años, de seguir unos patrones que hace tiempo caducaron, de insistir en cómo debería ser mi estilo de vida, o mi carrera, o mi éxito de cualquier tipo. Culposa por faltar al gimnasio, pero culpable de reprochármelo.

Culposa por comer esto o aquello, pero culpable de odiar mi cuerpo por momentos. Culposa por no visitar más a mis padres, pero culpable de exigirme incluso cuando no estoy disponible emocionalmente. Culposa temporal por no aportar más a mi hogar, pero culpable permanente por no aceptar los roles que me toca vivir en cada momento.

La lista podría ser infinita, ésta sí. Pero las sutiles diferencias entre sentir culpa y ser culpable no me dejan escapatoria. La primera es una vaga impresión que te embarga más o menos con razón, pero que casi siempre se genera sola, o provocada por la mirada, gesto, o palabra *de otros*. La segunda, no; la culpabilidad me llega, pero la culpa es mía. Me declaro culpable de todas aquellas acciones y vivencias de las que *yo* soy responsable. No hay por dónde huir.

Culpable de no amarme.

Culpable de no creerme merecedora.

Culpable de vivir en la culpa, continuamente inmersa en un mar de deberías, de podrías haber, de habrías tenido que, de si hubieras sabido, de ojalás me diera cuenta antes, de por-qués-otra-vez.

Soy culpable de haber llegado hasta aquí y responsable de cómo enmendar esto. Y pienso sacarle partido, vaya que sí. Le he dado la vuelta a un *Bendito Virus* en su primer tramo de existencia, así que espero ser capaz de destripar este cadáver que llevo cargando ya estos 47 años. Porque sólo así podré recuperar mi inocencia perdida y volver a conectar con la alegría de vivir. Porque en el fondo, como siempre me recuerda mi querido Luis, yo soy inocente.

Capítulo 7

DISFRUTE (ESTA VEZ SÍ)

¿Qué es para ti disfrutar?, me preguntas. Hace 5 años que yo lancé esa misma cuestión a todas las personas a las que felicité su cumpleaños. Ya entonces tenía este libro en mente, así que para ellos será todo un capítulo recapitulativo al final de estas páginas.

Pero ahora me toca a mí y lo cierto es que se me ocurren tantos disfrutes, que no sabría por dónde empezar.

La experiencia sensorial de un masaje en pareja con cantos gregorianos de fondo, en el spa Casas Brancas de Buzios, en Brasil. Las vistas embriagadoras de otro masaje, esta vez 'ocean view', en el Club Punta Leona de Costa Rica. Un masaje más, bendito invento, de técnica tailandesa, pero al arrullo de un pozo del s. VII en el Parador de Cangas de Onís. O una envoltura de chocolate en el Meliá Sarriá de Barcelona, o una inmersión en vino a la luz de las velas en el balneario Aire de Almería.

Lujos asiáticos, me dirás. O de cualquier continente, añado.

La mejor manicura que me han hecho fue en el Hotel Golden Tulip de Zanzíbar: seguramente la más sencilla de mi vida, pero si has estado de safari alguna vez, sabrás que el polvo de la sabana puede dejarte sin uñas.

Prueba entonces a mimarte con una loción de manos de manteca de Karité, untuosa y fragante. O vaporiza tu cara con agua termal de un manantial de las montañas suizas.

Y ya que estás por allí cerca, pídete unas ostras en la Huitrerie Régis de París, acompañadas por un Chevalier du Château y una *tarte tatin*. Cuando te hayas chupado los dedos (no hay placer completo si no), pide a tu chófer que os lleve a vuestro jet privado, porque tenéis entradas para "Giselle" en la Scala de Milano. Que es un lugar sublime, aunque no tan evocador como el Royal Opera House de Kiev, donde puedes disfrutar de "Madame Butterfly" por 10€.

¿Cómo, que no te crees lo de los 10 €? Pues te juro que es verdad, que yo estuve allí. Ah, que cuesta mucho más que eso llegar hasta Ukrania... No te preocupes, los tengo de todos los precios. Incluso gratis, que son la mayoría, verás:

Un baño caliente, lleno de pétalos de rosa, escuchando en tus cascos a tope a Maria Callas. Las rosas quedan muy bien, pero son de adorno; tú concéntrate en las sales, vale la sal gorda de la cocina.

Un concierto del Boss en el Bernabéu, o de los Rolling Stones en el Metropolitano. El festival de sabores y texturas del menú degustación en Casa Marcelo, de Santiago de Compostela.

Bueno, espera que habíamos quedado en facilitarnos las cosas. Pues entonces, algo hecho en casa. Por ejemplo, la explosión gozosa en tu boca al morder un bocadito de huevo y bacon de Senén.

¿Aún más fácil? El cosquilleo de unos Peta Zetas haciendo pim pam pum en tu lengua, ¿no te acuerdas de pequeño? Pues todavía los venden.

¿Mejor sonido que ése? El rumor de las olas rompiendo en la orilla, el croar de unas ranas reposando en un río de tarde veraniega, el tintineo de unas varitas metálicas movidas por el viento en tu ventana.

Y esa brisa rozando tu mejilla, con la temperatura perfecta, mientras te echas una siesta bajo un árbol, enrollado en una de esas mantitas gustosas, los pies al sol y el cuerpo a la sombra, escuchando a algún pajarillo en la distancia.

La puesta de sol más cerca, en un banco de las Vistillas de Madrid, con la ciudad de escenario y una infusión templándote, que ya refresca el otoño.

O la caña que te has tomado antes, bien fría, con unas anchoas empapando unas patatas fritas, de esas de churrería, algo grasientas pero muy crujientes. O el gintonic de después, con Larios de toda la vida, o con una Premium de ahora y medio kilo de hierbitas y gominolas, como prefieras. Pero siempre en buena compañía, durante una conversación sincera con esos amigos de siempre, a los que miras a los ojos y te sientes tan en casa que se te olvida que no os veíais hace siglos.

Y qué me dices del olor de las sábanas limpias y el tacto sedoso en tu cuerpo desnudo, el calor mullido del edredón esa noche de invierno. La cadencia de su respiración mientras duerme a tu lado. El sabor salado de su espalda cuando le diste un lametón, jugando aquella mañana playera.

Los brotes de un almendro en flor, la contemplación extasiada del fuego en una chimenea, el crepitar de las llamas, o el aroma del jazmín. El frescor de la hierba bajo tus pies descalzos, la lluvia en los cristales mientras estás a cobijo, o la tierra mojada si estás fuera y bien abrigado.

El ácido del zumo de naranja y el crujiente del pan tostado.

No me digas que son lujos, muchos de esos sí los tienes. No hace falta estar forrado ni gastarse un potosí, solamente estar atento y darse el permiso de disfrutarlo.

Y no me vengas ahora con que me pongo superficial. Llevas varios capítulos aguantando mis profundidades, así que ya tocaba.

Busca el tuyo. Y disfrútalo. No tienes excusa, te lo digo en serio.

Bendita Culpa

Capítulo 8

DESQUICIES

Después de días como el de ayer, se me desactivan todos los mecanismos de culpa, porque he tardado más de tres días en unas gestiones que yo había calculado terminar en dos o tres horas... y aún sigo empantanada.

La cosa no era para tanto: unos pagos online, unas citas médicas, unos arreglos del coche, un voto por correo, y el parte de una gotera al seguro. Todo virtual o telefónico, todo conocido, nada nuevo, nada aparentemente complicado. Pero parece ser que en este país (o quizás es en todo el mundo), hay muchas más cosas de las que yo creo que están caducando. Negligencias profesionales, falta de actitud, procedimientos del s. XIX... las primeras podría comprenderlas, la segunda me cuesta tolerarla, con los terceros me desquicio totalmente.

¿Que te ponga algún ejemplo? Si no sabías que soy una mari-listas, te remito al libro anterior, "Bendito Virus"... y aquí te dejo una:

- Incompetencia ("Pues es que yo no sé cómo se hace eso, oiga")
- Dejadez de funciones ("Es que eso no es de mi departamento")
- Descoordinación ("Ah, no sé, eso debió decírselo mi compañera")
- Falta de consideración hacia nuestro tiempo ("Rellene estos 5 formularios y mañana vuelve a dármelos")
- Y hacia nuestros compromisos ("Pues si tiene que pedir permiso otra vez, su empresa tiene que dárselo")
- Incumplimiento de plazos y horarios ("Qué importa que haya llegado 4 horas más tarde de lo que le dije, *si total usted trabaja en casa*")
- Desorganización entre áreas de la misma compañía ("No tengo las fotos del perito ni tampoco las del albañil, ¿usted no podría mandármelas a mi guasap personal?")

- Mala actitud ("Dígale a su marido que no es verdad lo que me está contando")
- Orientación al cliente nula ("Ya sé que le vendría mejor por email, pero es que se lo tengo que imprimir en la oficina")
- Resoplidos y quejas sobre sus organizaciones ("Es que mi jefe ha aceptado su pedido, pero yo no reparto en esa zona porque la furgo es mía")
- Procesos arcaicos, repetitivos o ineficientes ("Descargue el certificado digital después de instalar su e-DNI, accediendo con la cl@ve PIN, pero sólo desde un navegador Mozilla 8.3 y con el Adobe Flash Player activo").

En fin, que podría seguir hasta el infinito, pero cada vez me mosqueo más con los detalles, así que a lo que yo iba: por narices se me quita la culpa. Porque como dice mi tocaya Elisa, "¡pero qué coño!" Soy mucho mejor profesional que todos ellos.

Sí, lo sé, los popes del desarrollo personal me dirán que no mire afuera, que esto es algo para que mire en mi interior, para que identifique una lección pendiente. Pero con este cabreo encima, por ahora no me importa lo que tengo que aprender, sólo quiero echarlo.

Y me permito hacerlo así, sin ser exhaustiva en mi recopilación, siendo desordenada en mi exposición. La disfrutona luchando por desplegarse valida este fluir. Porque esto ha sido el antidisfrute, Dos días y medio con cero tiempo para mí, o para algo de un mínimo interés o utilidad.

¿Y quién es realmente la culpable? Mis expectativas.

¿Y cuál sería la solución? Que trabaje mi aceptación.

Sí, claro que sí. De teorías andamos todos sobrados. Pero ahora tengo que elaborarla. Y para eso sólo se me ocurre, de momento, salir a la cama elástica y ponerme a dar saltos, a ver si con la gravedad se me caen algunas muecas y se me aflojan las mandíbulas. Mañana te contaré.

Capítulo 9

SEÑALES

Ya sé lo que pasa. El universo me está enviando mensajes, pero yo debo de estar sorda y ciega.

Llego a la playa medio llorosa, compungida por una meditación que acabo de hacer en la que he tocado hueso. La vida está poniendo todo a mi alcance, pero yo soy incapaz de disfrutarlo. Lo agradezco, sí; le reconozco el brillo. Pero busco una y mil formas de sabotearme cada día y eso me desespera.

Lo escribí varias veces durante el confinamiento[4]: esto va de mi cabeza. Todo lo que hay que hacer es domar a esta loca que llevo sobre los hombros y el resto saldrá bien. Aunque no es tan fácil como lo pintan. Tantos cursos de mindfulness, tantas visualizaciones guiadas, tantos rituales para resetear mi cerebro. Un recableado completo, es lo que necesito. Porque todo eso que voy haciendo me ayuda a no perder el centro, me calma, apacigua mi ansiedad. Sin embargo, el trabajo gordo está en el día a día, en cada momento en que sucumbo a mi propio boicot, en todas esas veces que me reservo un rato para estar tranquila y acabo estando con todos menos conmigo. Ni siquiera venirme a vivir al mar ha resuelto la ecuación, diría que incluso ha complicado la fórmula. Ya era afortunada en mi otro palacio, solo que éste además tiene olas. ¿Y por qué entonces esta incapacidad para disfrutarlo? "Las mañanas para las obligaciones y las tardes en la playa", eso me digo cada despertar, pero creo que hoy será la hora más larga que me haya concedido en el mar.

Y luego me pregunto por qué tanto cansancio, por qué ese mal humor, sin casi permiso para enfadarme, tan siquiera conmigo misma. No acepto estar mal porque soy yo misma quien lo provoca, y ya sabemos que no hay peor enfado que con uno mismo.

---

[4] Capítulo 5 de "Bendito Virus, diario de una pandemia"

Y entonces, estás lavando la cacerola del cous cous un miércoles cualquiera y añoras otros tiempos, uno de esos en los que le decías a tus amigas "estoy viviendo un momento tan dulce que ni me lo creo, no sé si lo merezco". Y el fogonazo llega, nítido como el reflejo del aluminio: **eso es lo que pasa**. Que tus episodios pasados de plenitud, posiblemente menos privilegiados que el actual, los viviste con incredulidad. Y no sólo eso, sino, descubres atónita, con culpa. Esa misma que a ratos te sigue atormentando. La de "¿por qué yo y no otros?", la que no sabe aceptar los regalos que llegan. Y esa combinación de factores se ha materializado y tu poder de alquimista ha creado una nueva realidad: la de "¿entonces prefieres sufrir?" Es como si el universo decidiera ponerte a prueba, para ver si con lo contrario estás mejor.

La vida tiene muchas formas de mostrarnos el camino, algunas bien extrañas. Llámale karma, o profecía autocumplida, o proyección de tus temores, lo que sea. Lo que yo veo es que podías haber pasado de pantalla en aquel entonces, pidiendo "más de eso dulce" y en su lugar perdiste fuerza sorprendiéndote y haciéndote pequeña. Y ahora que la boca te ofrece un sabor amargo, te devanas los sesos buscando los motivos y pidiendo algo distinto.

Y por eso llega una meditación canalizada[5], que apela al propósito de tu alma, que invoca tu esencia y allí mismo te inundas de lágrimas a borbotones, recordando que en el fondo estás traicionando a quien has venido a ser. Y te juras a ti misma que de hoy no pasa, que vas a enfocar toda tu energía en esta nueva vida que estáis construyendo en la costa, que ya no vas a distraerte, que solo basta cerrar los ojos y respirar cada vez que tu hámster interior quiera dar una vuelta más a su rueda a ninguna parte.

Y por eso sólo puedes reírte cuando lees ese guasap tan sincrónico. Un amigo al que la pandemia te ha hecho redescubrir te pide opinión en una decisión vital que está valorando: tomarse un año sabático. Tratas de imaginar todo lo que le rumiará por dentro para haber llegado hasta ahí. Qué valores habrá priorizado, qué renuncias se estará planteando, qué sueños querrá cumplir, qué sufrimientos habrán llenado su cupo, para plantarse así, hoy, aquí. Me pega un subidón, le empiezo a grabar un audio desde la orilla, pero hace un viento del carajo y creo que no se va a oír.

---

[5] Web de Cari Oliva, Conciencia Cuántica

Mejor probar con los cascos, rebusco en mi bolsa playera mientras observo de reojo a un kitesurfer dando saltos más allá de la boya. Le hablo entusiasmada, no encuentro ni las palabras, me aturullo, querría decirle tantas cosas... que es un valiente, que no lo dude, que va a ser la mejor decisión de su vida, que se lo merece... y en mitad del festín de vítores, me doy cuenta de que realmente me estoy hablando a mí misma. Y que él, una vez más, no es sino el espejo que se me brinda en el que observar mi propia realidad.

Después de un rato, supongo que algo estupefacto, me dice que agradece mucho mis palabras, que le he dado mucha energía. No es consciente de que ha sido al revés: él ha reconectado mis sistemas cortocircuitados, para que yo pueda palpar de manera tangible que todo eso que le auguro a él es justo lo que yo ya tengo. Y que el deseo que me trajo hasta esta orilla es el mismo que él ahora me está devolviendo, para que recupere esa visión original, la que generó toda mi ilusión por dar este salto cuántico.

Me quedo mirando la espuma, con la vista perdida en los cantos rodados que sobresalen en la arena. Y, por tercera vez hoy, allí está, una nueva señal: escalando una concha blanca, veo una mariquita. Sonrío con ternura infantil: esta es la metáfora perfecta, me digo. Ahora la cogeré, jugaré con ella como cuando era pequeña y, en pocos segundos, escapará volando de la palma de mi mano.

Me entretengo con ella, la dejo pasear entre mis dedos, parece que se recrea, no se va tan pronto. Me hago gracia, observando a un bichito tan pequeño, y tratando de anclar esta sensación de contemplación y lucidez. Eso es, ladybird, gracias por traerme al momento presente.

Pero ella sigue absorta en su recorrido por mis nudillos y no hace ningún gesto de querer volar todavía. Saco el móvil para grabarla, pensando que es seguramente el mayor tiempo que he pasado con una. Y ella sigue, cambiando de mano, trepando por el soporte de mi Bamboo, curioseando entre los pliegues, volviendo a mis uñas. La subo a una piedra redonda, la coloco rotundamente protagonista para que luzca majestuosa, esto se merece un vídeo. Y en ese preciso instante, capto el mensaje: la mariquita está girando sin parar, enredada en la forma circular de mi piedra, con movimientos compulsivos diría yo, sin atisbo de ganas de volar. Es como si hubiera olvidado lo que solía hacer: asomarse al mundo humano y volver a sus junglas microscópicas. Y esa pequeña luz va tomando consistencia en mi consciencia, hasta verlo tan nítido como sus lunares rojos y negros: esa mariquita también soy yo.

La poso en la arena para escribir toda esta aventura suya y, después de un rato de varias páginas, me la encuentro caminando tan tranquila, de vuelta sobre mi escritorio improvisado, casi un metro por encima de la arena donde la dejé. Así que me rindo a sus encantos y paro de escribir, es mucho mejor jugar con ella. Parece desorientada y la acaricio con la yema de mi índice izquierdo. Se mete por las arrugas de mi forro y, contra todo pronóstico, la pierdo. Me levanto, me sacudo, la busco por todas partes, no puede ser, ¡yo quería verla volar!

Vuelvo a mi capítulo sólo para dictar: quizás lo que anhelo no es sólo volar. Quizás mi corazón está buscando algo que me dará aún más libertad. Quizás, si desaparezco de esta dimensión que ven mis ojos, sea capaz de trascenderla y de llegar a esa otra donde puede que me esté esperando. Ese otro multiverso en el que yo, esa otra Elisa simultánea y primordial, disfruta del murmullo de las olas al amanecer y al atardecer.

Capítulo 10

AUNQUE SEA UN MOMENTO

Esto es vida. Estoy sentada en mi *turque-silla*, a 2 metros de la orilla, ensimismada en las olas (¿se puede decir *enmimismada*?) Me he hecho 20 minutos en coche y ahora tengo otros 20 de vuelta, para estar aquí sólo otros 20, pero quizá sea la hora más aprovechada de toda la semana, porque por fin he conseguido ponerme disfrutona modo ON.

Tengo que irme pronto para preparar el directo con una crack de la escritura, la meditación y las emociones, Isabel Cañelles. Y precisamente pensando en emociones venía yo en el coche, sobre el remolino de todas ellas que suelo tener en mi interior, haciéndome sentir una ciclotímica total. Vamos, lo que solemos llamar una montaña rusa, que es justo lo que estoy intentando modificar con mi nueva alimentación. Menos picos y menos valles de azúcar, que mi alimento (y mi vida) sean dulces, pero más bien con forma de ondas.

Como estas que tengo delante... ¿será por eso que me calman?

No importa si está él en calma, el mar siempre me apacigua. Incluso en días con marejada, como hoy, esas olas poderosas que se estampan contra el borde y hacen tintinear las chinas mientras las rebolea suenan a paz. Un ir y venir continuado, un movimiento fluido y sin esfuerzo, una fuerza innata y esencial.

Hundo los pies en la arena para que se sequen. Me he atrevido a meterme hasta las rodillas, remangándome los pantalones, porque la visión era irresistible. La temperatura es la idónea, con el agua suficientemente fría como para disuadirte de mojar nada más, pero perfecta para reactivar la circulación. Y con el sol justo tan en lo alto como para que ese gesto apetezca. Mientras hurgo con mis dedos entre las piedras y la arena, siento también su calor rozándome la piel, subiendo por las piernas hacia todo mi cuerpo y templándolo del viento, que se debate entre acariciarme las mejillas o volarme las zapatillas. Me sobrecoge ese olor marino que tanto echo de menos en Madrid. Me doy cuenta de que esa misma sal impregna mis labios, a pesar de no haberlos mojado.

Por si no fuera lo bastante idílico, en el preciso instante en que voy describiendo estas sensaciones, una gaviota cruza de izquierda a derecha, a la altura de mis ojos, planeando como si la hubiese contratado a esta hora para mi videoclip particular.

Suspiro y sonrío, moviendo la cabeza con un amago de reproche, pero virando a compasión esta vez. Parece tan fácil... Cierro los ojos y trato de grabar el momento en mis células, hacerlo mío para siempre. Dejo de escribir. Respiro y escucho.

Esto es la vida.

Capítulo 11

DIMENSIONES

Exploras tus ideas como cuando vas a la búsqueda de nuevas playas. Una cala aquí, un diamante allá. Una recoleta y coquetuela, otra que te quite la respiración. Pero siempre buscas hacer partícipe a otro más allá de ti. Si es idea será el libro, o más fotos si es un mar. Lo que no te has parado a pensar es qué pasaría si tus ideas no llegasen de ti. No de tu yo aquí sentada, la de los escarpines turquesas a juego con el bikini y la silla. Qué pasaría si tu otro yo, tus muchos otros, te dictasen las palabras desde lugares desconocidos o, por qué no decirlo, desde tiempos diferentes. Contradice a tu razón, lo sé perfectamente. Pero nadie dijo que tu razón llevara siempre razón, ¿no?

Imagina por un momento que Cervantes pudiera venir a verte. ¿Tú no querrías preguntarle algo? Vale, ya sé que no es tu preferido, pero si te cito a Baricco o a Manfredi se me acaba el ejemplo porque están vivos. Imagina que pudieras pedirle a alguien muy admirado que te echase una manilla. Ni siquiera con la sintaxis o la técnica, qué va, digo sólo con la inspiración. Imagina además que pudieras elegir a un autor que te conociese en persona, porque tú no querrías sonar impostada, ni escribir de cualquier tema.

Imagina un poco más, ¿no querrías decidir qué mensajes serían los más propicios para tu público? Y ya que estamos imaginando, ¿qué tal dirigirte a toda la humanidad?

De acuerdo, te suena grandilocuente, pero es sólo un "y si", ¿verdad? ¿Cómo querrás ser recordado, qué pasos serían mejores para ti en este capítulo de tu vida?

Todos andamos muy perdidos en esta realidad. Unos nos hacemos los fuertes, otros nos mostramos desnudos, otros preferimos no enseñar ni la patita, no vaya a ser que nos saquen a la pizarra.

Pero... ¿y si te dijera que quizás, sólo quizás, hay una manera de conseguir todo eso? ¿Qué me dirías si te presentase a tu yo del futuro, por ponerle un nombre, para que charlaseis un ratillo? No me digas que no te tentaría un poco. Ni siquiera te planteo vivir aventuras locas con él, como Marty McFly. Ni tampoco acribillarle a preguntas, como harías con una tarotista, solo que con más fe. Sólo digo sentarte allí, ofrecerle un café y pedir que te susurrara alguna frase tranquilizadora, de esas de #todosaldrábien.

Molaría, ¿a que sí?

Pues aquí está, te lo presento. Se llama Ser Primordial. El mío tiene un nombre más molón, pero el tuyo se lo tendrás que sonsacar tú. No creas que es complicado, sólo tienes que creer en él, como Peter Pan en Campanilla. Ah, que tú ya no eres un niño y que los adultos no creen en las hadas. Bueno, pues búscate las mañas, sólo durante 10 minutitos. Busca un sitio tranquilo, cierra los ojos, apaga el móvil, ahora sí, respira hondo, escucha tu palpitar. Y luego háblale. Pide por esa boquita, no seas tímido, igual tarda un poco, no siempre se atreve a la primera. Lleva toda la vida observándote, allá en su otra dimensión, y puede que se sorprenda de que por fin requieras su intervención. Hazlo como un juego, si no te está convenciendo nada, sólo prueba a crear la magia por un instante.

Y luego escucha, las voces surgen. A veces es más de una, no sé a cuántos has invocado. Sólo confirma que te hacen sentir paz y calor y acogida. Y entonces suelta el control y deja de juzgar, cuesta un poco porque lo llevas haciendo tantos, tantos años. Respira cada vez que te ofusques, sonríe cuando algo te suene a chino, detente si no te fluye la mano y vuelve a reconectar. Escríbelo, dibújalo, compón una banda sonora, diseña un rascacielos. Déjate llevar por la locura, es sólo transitoria, nadie te ve y no hay ninguna prisa. Define tu estado. Agradece. Repite. Vive. Revive.

Es tan corta esta vida, es tan literal esta dimensión. Reivindico la posibilidad de inventar otros mundos y que sean ellos quienes nos soplen cómo fueron creados, con cada detalle de ese otro que les insufló su latido.

Y después vuelve aquí y cuéntalo. Díselo a tu amiga, esa que no te llamará loca. Proponlo como tema de conversación absurdo en una cena con ese grupo, a ver qué pasa. No te lo calles, no te quedes con la sensación de haberte transportado sólo tú. Ellos merecen ese disfrute, pero no se atreven a imaginarlo. Provócales tú, total ellos te quieren, ¿qué podría pasar? Lo peor podría ser que *sus otros ellos* lo celebrasen contigo en vuestra otra dimensión. Pero… ¿y si fuerais capaces de materializar esa quedada en ésta? No se me ocurre una fiesta mejor.

Bendita Culpa

Capítulo 12

CULPA POR NO HACER MÁS

Podría empezar a usar Tiktok, con contenidos de disfrutona. O hacer algún mini directo, contando mis aventuras de migrante malagueña. O meterle contenido al podcast, con episodios sobre cómo deshacerse del sufrimiento y la culpa. Y por supuesto, actualizar alguno de los tres blogs y darles caña a los posts de BenditoLunes. No sé en qué se me van los días, a Sonia[6] le da tiempo a varias publicaciones semanales además de sus sesiones... y eso que tiene hijos. Podría hacer más días danza, más veces qigong, más rato meditación. Podría perder peso más rápido, entrenar más pronto que tarde para las excursiones de este verano, y por supuesto averiguar esos nuevos sitios que tendría que visitar.

Podría madrugar más, trasnochar menos para dormir más, apuntar menos tareas para acabar antes, o enfocarme más para hacerlas todas.

No sé cómo me las apañaba en mi antigua vida de comercial, con tantos viajes de trabajo y tantas horas extras, tendría que releer los diarios de entonces y desde luego debería *hacérmelo mirar*.

Me subo al coche medio exhausta, resoplando porque siento culpa de estar tan cansada, cuando todavía son las 11 de la mañana. Conecto el bluetooth y arranco, mientras le doy al play del audio de una amiga, que me ha regalado 11 minutos de reflexiones. Qué gracia, me digo, un número maestro. Igual luego puedo leer algo al respecto. Mientras, mi amiga habla y me va contando sus últimas novedades, está de baja por stress, pero no duerme nada, me dice que hace de todo pero no consigue nada, que se pasa el día tirada pero que está agotada. Yo niego con la cabeza, porque sé las horas que le echa a su desarrollo personal, la media docena de cursos que compagina y la de vídeos que se pone mientras plancha. Sé la de tiempo que le dedica a su familia de origen, a sus sobrinos y a su tía de la residencia. Y sé, sobre todo, que su cabeza es como la mía: exigencia sin

---

[6] Instagram @sonia_english_coach

fin, culpa sin descanso. Me sigue explicando que no llega a todo y que se siente fatal por no estar cumpliendo con su empresa... total para nada. Y entonces llega la frase. Me suelta así, sin anestesia, que sin embargo yo soy su ejemplo, que me envidia por mi eficiencia y que admira que esté acabando mi 2° libro, cuando no ha pasado ni un año desde que publiqué el 1°. Me quedo tan boquiabierta que necesito parar el audio. Apuro el resto del trayecto hasta la playa en una mezcla confusa de orgullo, agradecimiento y síndrome del impostor. Que dice que admira... ¿qué? Pero si yo soy un desastre, no como ella...

Aparco el coche, saco mi silla y me siento en la arena. Las olas son más mansas que los otros días, la temperatura es más alta de lo habitual. Por fin se siente el calor de mayo, por fin me puedo quedar en bikini, por fin he encontrado un ratito para no hacer nada. Podía haber venido antes, realmente, no sé por qué he tardado tanto. Podía haber cocinado algo ligero y traérmelo, ahora tendré que volver a tiempo de comer. Tendría que haber venido todas las mañanas, se está mejor que por las tardes. Querría haberme mudado hace meses, una pena no haberlo decidido con más antelación.

Me fijo en un runner que se ha parado a unos metros de mí. Se sienta sobre su mochila mientras su perro le observa y da saltos sobre sí mismo, llamando su atención. Está loco de alegría, gira en círculos hacia el mar y cuando toca el agua ladra alborotado, sigue saltando atrás y alante, sin duda le quiere provocar. El runner se ha quitado los calcetines y sigue con las zapatillas, las echa a la mochila y empieza a andar por la orilla. El perro se vuelve loco de placer, le sigue corriendo y mirándole, absorto a todo lo demás. Yo sonrío y suspiro, qué fácil parece, una vez más.

Y ahí llega el insight, la colleja espiritual del día. Lo que yo estoy a punto de sentir, de nuevo, es culpa por no disfrutar más. Y a ese punto, he llegado después de media mañana fustigándome con sacos y sacos de culpa por no hacer más. Y en medio de todo, una compañera de infancia no ha hecho más que reflejarme mi propia imagen en el espejo de la consciencia. ¿A dónde vamos tan deprisa? ¿A dónde queremos llegar, si no es adentro? Quizás mi camino no se ha parado. Quizás mi camino sea parar.

Capítulo 13

DESOLACIÓN

Me subo al coche. Abro las ventanillas y pongo el aire a tope. Salgo del casco urbano y me enfilo hacia la carretera de la costa. Subo el volumen de la bossanova, demasiado melancólica para hoy; le pido a Siri que lo cambie a kizomba, para ver si me animo. La adulta en mí ha estado reteniendo su ego enfurruñado casi una hora, mientras la amable técnico municipal me daba sus mil explicaciones urbanísticas. La ciudadana modelo ha estado asintiendo a todos los requisitos jurídicos, mientras apretaba fuerte las mandíbulas y tragaba saliva. Pero ahora la brisa marina se cuela por mis ventanillas y el ritmo brasileño le da una atmósfera idílica a mi vida, hasta que en uno de esos *você fica mi*, la niña en mí se derrumba e irrumpe en llanto. Han destrozado mis sueños, así, de un plumazo administrativo. Querría patalear pero estoy conduciendo, querría invocar la calma pero soy una cría dolorida, que se acaba de caer del guindo de su inocencia y romperse varios huesos.

Llego a la playa, aparco y me instalo, sintiéndome indefensa. Me quito el vestido de ciudadana decente y me pongo la parte de abajo del bikini, total estoy sola. Me calzo los escarpines y me tiro a un mar helado, conteniendo apenas mis lágrimas, más triste que enfadada. Si no puede ser, no puede ser. Esta prueba de concepto que era vivir en el mar se acabará en unos pocos meses y ya está. Trato de consolarme pensando en que aún me quedan muchas semanas por disfrutar. Intento no proyectarme, anclarme al momento presente, nada funciona. Fue bonito mientras duró, se repite en mi cabeza. Pero así lo que siento es culpa por estar anticipándome, culpa por quejarme antes de tiempo, culpa por ser una malcriada y sobre todo culpa por no disfrutar aquí y ahora.

Si pudiera sólo... me tumbo haciéndome la muerta y entonces conecto con la luz del sol que me da de pleno. Con el bamboleo de las olas que me mecen. Con este sabor salado, este olor a algas y este tacto mojado. **Con lo afortunada que soy. Con la vida.** No tengo ni idea de cómo conseguirlo, pero seguro que no es gimoteando con desesperación. Así que voy a soltar por una vez el control y a confiar en mí. Porque algo sí tengo claro: tarde o temprano, la disfrutona le va a ganar la partida a la culposa. Y desde luego, mi disfrutona va a poder con mi sufridora.

Capítulo 14

TRAMPANTOJOS

Ya le vale al mirón. Estoy yo aquí tan ricamente en mi playa desierta y tiene que venir a instalarse a 10 metros de mí. Pero si tiene usted toda una ensenada vacía, hombre, ¿no ve que me estoy dando cuenta de que busca carnaza? Me irrito por dentro y paro de escribir, para rebuscar en la bolsa y ponerme la parte de arriba del bikini. Le miro de reojo, está plantando su sombrilla sin inmutarse, observo sus aperos y claramente va a pescar, lo que me faltaba, que me dé con la caña. No me contengo más y le increpo, con la voz lo más amable que consigo entonar, si no podría irse un poquito más allá. Se acerca porque no oye, no se pone ni la mascarilla, estoy a punto de pegarle un bufido. Y entonces me explica, dulce y despacio, que más a mi derecha está todo lleno de rocas y que se le enganchan los aparejos. Y que a la izquierda están las boyas y que sólo puede pescar en este tramo. Me calmo de golpe y empatizo con él: "Me moveré yo entonces, puedo ponerme en el trozo malo para los hilos". Y entonces él sonríe y, con acento malagueño y parsimonia por la avanzada edad —ahora lo veo—, me tranquiliza: "¡A mí no me molestas, bonita, te puedes quedar todo el tiempo que quieras!"

Vaya, parece que soy *yo* quien invadía *su* playa privada...

Cuando confías tan solo en tus sentidos para captar la realidad, a veces sucede que uno de ellos puede filtrarla demasiado, creando ante tu vista un trampantojo que distorsiona la verdad.

Un rato después, el viejecito encantador me ha visto recogiendo y se ha acercado para ofrecerme su propio paño con el que limpiar mi silla de arena y, como me veía tímida, ha acabado el mismo dejándola como los chorros del oro.

Cuando confías en la vida como filosofía de base, la vida siempre te sorprende.

Bendita Culpa

Capítulo 15

DESPIDIENDO A LA DE AYER

Gotas de lluvia. Una constelación social. Salpicaduras de mar. Un nuevo encuentro contigo misma. Uñas de los pies turquesas, a juego con las olas. Mente inquieta turbada por todo lo pendiente de hacer y resolver.

Y mientras, tú, la tú de verdad, pujando por salir a la superficie, para contrastar que has avanzado un paso más. Que ha merecido la pena, que una sesión de introspección y sanación vale mucho más que todas las ferias y los escenarios. Que te han hecho brillar y vibrar, pero que a la postre no acallan el vacío.

Porque sólo puedes llenarte de ti, para sentirte plena. Ni todos los aplausos, ni las ventas, ni un reconocimiento sincero de quienes han compartido contigo el fin de semana. Nada de eso calma esta vacante que queda cuando las voces se han ido y el silencio lo ocupa todo. Tan sólo el mar, tal vez, y es sencillamente porque te recuerda quién eres. Te conecta, te nutre, te reconcilia. Ni siquiera con todos los fantasmas que están apareciendo tras tus sombras, pero sí al menos con algunas de tus partes, las que tienen más remiendos, las de los restos de cola, las de las cicatrices profundas.

Cada embestida de este mar, que hoy te da la bienvenida bravío, lame tus heridas y limpia la sangre que aún brota a borbotones. "Si escuece, cura", decía tu abu. Sé que se cura, porque me desgarra por dentro mientras sale, llevándose consigo todos los reproches, las dudas, la incertidumbre, las culpas. Retazos de una vida que ya no quiero mía, aunque me haya traído hasta aquí y me haya configurado como la que soy. Trocitos de infierno que honro y celebro, agradeciendo que estuvieran aquí un día para recordarme que aquello no era yo. O sí, pero una versión rota que anhelaba reconstruirse desde los cimientos. Mercancía dañada, que no defectuosa.

Porque el duelo por el perfeccionismo se va fraguando mientras me despido de todos esos ecos. Gritos, llantos, alienación y demonios ya no son mi compañía. Me he ganado por derecho propio mi lugar en el mundo. Y hoy, ahora, lo gozo en este rincón del Mediterráneo que pareciera reservado para mí.

Capítulo 16

SOL Y MAR

He tenido que marcharme. Salir de mi casa-paraíso para salir de mis bucles autocomplacientes y, sin embargo, autosaboteadores. Me dejo atrapar fácilmente por las inercias de 47 años de hámster, siempre haciendo, siempre corriendo, (casi) siempre cumpliendo con mi exigencia de esfuerzo, (casi) nunca llegando a las expectativas extremas que me había marcado.

Y aquí se hace más evidente. En Madrid la excusa es fácil: hace mal tiempo, o el PC me está esperando, o todo el mundo está trabajando a estas horas, o tengo muchas cosas pendientes. Pero ahora vivo al lado del mar, en una especie de semestre sabático regalado por el Pacificador, sin ninguna obligación específica más allá de llevar la intendencia, ni ningún objetivo angustioso, sólo el propio reto de parir un segundo libro. Y el mar, ese mar que acaricia mis pies ahora mismo, me llama cada día. Pero yo ignoro sus cantos de sirena, enredada en los disturbios de mi mente agitada, inventando nuevas tareas cada cinco minutos, agotando mi energía y agonizando por dentro.

Hasta que una amiga me envía un guasap y me dice que le envíe un audio con olas, que lo está pasando fatal (ella sí, con razones de peso) y que pensar en mi planazo de vida le inspira. Y entonces un resorte salta dentro de mí, un clic que activa la vergüenza, la tristeza, la culpa. Si ella supiera...

Así que me reseteo. Me pongo las chanclas y cojo las llaves del coche, dejo todo lo que estaba haciendo, queda mucho día por delante. Enchufo el Spotify al bluetooth y pulso aleatorio en una lista de wenge brasileiro. Mientras bajo las curvas de la montaña, me teletransporto a Brasil y mi cuerpo va ganando a mis pensamientos recurrentes, va recordando las sensaciones del baile en Copacabana, los olores de la costa carioca, el sabor a Kaipirinha, el tacto de la sal sobre la espalda mojada. Entro en una nueva espiral, de gozo y relax, de recuerdos encapsulados, de memorias disfrutonas, de momentos inconexos en los que yo sí estaba conectada.

Llego a la playa y lo tiro todo, despreocupada. Silla turquesa, pareo multiusos, Bamboo para escribir. Me cambio las chanclas por los perennes escarpines y me lanzo a la orilla, ligera como una chiquilla que no tuviera más que una preocupación: divertirse.

Nado y nado, giro y retozo, me recreo en un mar completamente vacío de gente, absolutamente lleno de calma. Me rindo, exhausta y me tumbo boca arriba, los brazos en cruz, entregándome a la contemplación, sin nada que hacer, ningún lugar al que ir, ninguna prisa por llegar. Las olas me mecen, mi cuerpo se relaja del todo. La ingravidez se contagia a mi cabeza y la flotación se apodera de mí.

Y ahí llega el fogonazo. Nítido y transparente, como un decreto interno que traspasara mis cavidades intracraneales. *El sol es el padre que me mira. El mar es la madre que me acoge*. Así, tal cual. Lo veo obvio y no obstante me impacta. Papá y mamá, justo lo que me estoy trabajando en gestalt. Esa fusión de elementos sobrecoge mi espíritu, más aún de lo que deleita mis sentidos. De golpe y porrazo he comprendido lo que estaba buscando, lo que mi alma anhela desde tiempos inmemoriales, lo que me consume por dentro. Fusión, ni más ni menos. Integración, aceptación y valoración de mi clan. Como tú. Como todos. Sólo que quizás yo soy más lenta en enterarme, o profundizo demasiado y me pierdo en las raíces.

Salgo del agua, atontada pero eufórica, con la impresión de haber descubierto un nuevo continente, o al menos una isla.

Me siento sin apenas secarme, necesito transcribir todo eso que he sentido, no quiero perder ningún detalle por el camino. A pocos metros, una pareja se acerca caminando por la orilla, llevan ropas hippies y sombreros de paja, ninguna mascarilla. De edad indefinida, pero en muy buena forma. Al pasar delante de mí, sonríen, saludando indiferentes y, cuando los miro, ella acentúa la sonrisa y dice "*Hi!*" tan efusiva que no puedo resistirme a reír. Ya me han vuelto a tomar por guiri, tendré que acostumbrarme. Ella hace un gesto como señalando mi cuaderno y le digo en inglés que estoy escribiendo. Se encoge de hombros, "ah, perdona, pensé que dibujabas". Me fijo en ellos y me sorprende descubrir que me sacan más de 10 años, pero se les ve con una vitalidad poco usual.

Acabamos hablando sobre el libro, la culpa, la religión y Holanda, de donde ellos vienen. El hombre dice, entre molesto y confundido, que realmente él no cree haber hecho nada malo, pero que la culpa le mata por dentro.

Me embriaga toda la situación, el encuentro, la afinidad, la sincronía. Me pregunto qué ha sido eso, mientras los veo alejarse y tumbarse más allá. Quisiera darles mi tarjeta, traducirles mi libro, regalarles un recuerdo de esta playa y esta aprendiza de escritora. Quisiera poder explicarles que, la historia lo confirma, nos unen muchas similitudes. Quisiera ser capaz de transmitirles que ellos también buscan lo mismo que yo. Y que el sol y el mar están disponibles para todos, también en Flandes.

Sigo escribiendo un rato sobre ellos, trato de concentrarme, pero me muero por charlar un poco más. Me acerco al coche un momento, quiero saber qué hora es antes de perder la noción del tiempo.

No he podido evitarlo, he tenido que caminar hasta ellos y darles una tarjeta. Y las gracias por haber mejorado mi capítulo y alegrado mi vida. Les digo que aparecen en el libro y él pregunta divertido qué es lo que cuento sobre ellos. Ella se ríe y le dice "¡no, tonto, tendrás que leerlo en el libro!" Carcajada espontánea. Creo que están en sus 60s, pero sus cuerpos son de 40, sus miradas de 20, su risa de 10. La mujer trabaja de voluntaria en un centro de yoga, donde hacen retiros de tantra. Me cuenta que trabajar con españolas le ha hecho vislumbrar una realidad sobre el sexo y las creencias que jamás habría sospechado, que si es habitual que todas pensemos así, que cómo podemos vivir tan cohibidas, que cómo debemos ver a las holandesas. Me río con ella, le aclaro que el mito es con las suecas. Y me quedo pensando, siempre me ronda la cabeza escribir sobre esos tabúes socioculturales tan nuestros. Se llaman Neeltje y Edwin. Les digo que me encantaría poder hacerles llegar un ejemplar cuando lo termine y él sonríe: "Sólo recuerda aclarar que yo soy inocente". Claro. Como yo. Como tú.

El hombre me ha hecho un último regalo, antes de partir: "Escribe bien y escribe toda la verdad". Y aquí estoy, captando la esencia *flamenca* (la holandesa, la andaluza), para traducirlo a idioma humano, por si mi verdad se parece a la tuya.

Bendita Culpa

Capítulo 17

CALMA CHICHA

La que aparenta en la superficie. La que se asienta en cada bruma. La que suena en esas olas suaves. La del niño con el cubito y la pala.

Pero tú sabes que es el fruto de la tempestad previa. La que ha puesto el fondo del revés. La que ha drenado toda el agua. La que ha *reboleado* todos tus cimientos, para provocar una marea que te obligue a reconstruir.

Porque tú te levantas, con cada embestida. Te recolocas el bikini, te sacudes el lodo, te lames los arañazos de las piedras. Y vuelves a caer, batida por un nuevo empujón, sumergida hasta las profundidades, bocabajo sin saber que lo estás, tratando de nadar para coger aire, pero hundiéndote cada vez más.

Es muy puta, la vida, cuando quiere. Te revuelve contra todo y contra todos sólo para confirmar que estás vivo. Para que te pares, te toques, compruebes que lo lleves todo antes de salir al mundo. Para que te preguntes con quién estás viviendo, qué coño estás haciendo, cuánto va a durar esto, hasta cuándo tendrás que aguantar, dónde podrás ir. Y entonces escuches el silencio. O a lo sumo una risilla sarcástica, como de "pues haber pedido muerte", joder con este susto. Que nunca viene solo, a menos que tu existencia sea plana. Que aparece cada ciertos años, para recordarte que revises tus valores, tus rutinas, tus compañías, tu propósito. Como este *bendito virus*, que nos ha puesto a todos patas arriba.

Las crisis son una oportunidad, dice el ideograma japonés. Y yo solía ser Miss Happiness, no me digas. Y sin embargo, no todos los días puedo sacar a pasear a la disfrutona. No mientras me siga enredando en la sufridora culposa, en la que se somete ante los reclamos de sus obligaciones autoimpuestas, en la que se niega a sí misma el placer porque hoy no ha hecho suficiente, hoy no ha sido suficiente.

Pero, al menos hoy, he logrado llegar a la orilla a tiempo. He necesitado dos alarmas, un retraso y un tirón de orejas, pero he llegado. Y después de un baño largo y un tentempié corto, estoy aquí sentada, escribiendo mientras un gorrión se acerca más de lo razonable y me observa. Creo que él también se ha dado cuenta: la tormenta ya se fue, ahora queda esta calma chicha.

Capítulo 18

CULPA POR NO SER MEJOR HIJA

"El éxito se determina por cuán alto uno rebota tras tocar fondo"
(General George S. Patton)

Te llamas Isa. O quizás Bea. O puede que Maika. Pero seguro, seguro, eres mala hija. Porque así lo dicen tus padres y así lo corroboran (casi) todos tus ocho hermanos. Eres la mayor y deberías dar(te) más. O eres la pequeña y tu misión habría de ser alegrarles. Sostener a tus ascendientes, en cualquiera de los casos. Porque eso es lo que hacen las niñas buenas, las mujeres decentes, las hijas de buena familia, máxime las de la aristocracia.

Así que te esfuerzas, te afanas, te comprometes cada día de tu vida. Y así has llegado a los 62. Tú también eres madre y desde hace poco abuela, pero todavía se te sigue juzgando principalmente como hija. No sabes muy bien si los jueces más crueles son ellos o tú misma, pero tienes claro que la causa sigue abierta y tu sentencia solo puede ser 'culpable'.

No tiene importancia nada de lo que ha alegado tu defensa. Ni la infancia interrumpida, ni la madurez precoz, ni los roles cambiados, ni la negación del clan. Has sido la perfecta sumisa los primeros veinte años, pero después te descarriaste y ya nadie pudo hacer carrera de ti. Un título universitario no fue suficiente, ni tampoco el postgrado ni el doctorado, porque no cumpliste con el mandato atávico de ser médico, como tocaba. Tampoco sirvió que pasaras por el altar, porque las segundas nupcias no están bien vistas en una raza de solera como Dios manda, mucho menos después de haber vivido en pecado con aquel hippy escocés, que decía ser músico y que era demasiado joven para ti. Por supuesto, el fiscal desmontó todos los argumentos de desacato, porque aquí no se admiten rebeldes. Y todos los atenuantes, a quién le importan las mil noches de hospital, si no te ha dado la gana dejar tus tonterías para asistir a la 3ª graduación de tu sobrino nº 16. No tiene cabida que expliques tus desvelos durante años, en que acudías presta a cualquier llamada de auxilio de tu tribu, fuera en calidad de enfermera, conductora, cocinera, informática, abogada, o psicóloga improvisada, quién necesita un diploma si por amor todo es válido, aunque te cueste la vida.

Porque eso no lo han sacado todavía, el tema tabú sigue en el banquillo, sentado en las rodillas del psiquiatra que te retuvo internada durante 4 años en aquel lugar oscuro, Casta Guadarrama, qué nombre tan apropiado para tu rango. No podrán contar la soledad que tú sentías, porque te encerraron por tu bien. Ni la angustia de creerte abandonada, que nadie iba a verte, porque todos trabajaban mucho y lo hacían para enviarte regalos carísimos. Por eso ahora no entienden que parezcas resentida, si el sitio era bucólico y rodeado de montañas, no es para tanto y, total, ahora puedes encontrar trabajos mejores, porque te han autorizado un porcentaje alto de incapacidad, qué suerte y qué envidia.

Las listas son interminables, los papeles se amontonan en las carpetas de ambos letrados, mientras tus ansias se acumulan en la cima de tu cabeza. Tus remordimientos son tales que no concibes otro veredicto, lo has intentado con todas tus fuerzas, pero no das la talla, no para los Pedernal de Píperi y Castro de Chanzas, de larga tradición y noble cuna.

Te revuelves en tu asiento, la mirada baja, la respiración en apnea, el corazón en un puño. El magistrado se aclara la garganta y lee su dictamen, a la vista de todas las pruebas y considerando las circunstancias expuestas, te declara inocente.

No das crédito, ni entiendes por qué te quitan las esposas. Se acabó la expiación. Ya no tienes que inmolarte.

Se acabó el cuento de la niña desvalida. Terminó el espectáculo de la nena sensible que no entiende de la vida. Aquí no hay nada que rascar, peque: ellos te quieren, pero jamás entenderán. No has venido a buscar reconocimiento, sino a constatar que debajo de esa mirada de juicio en realidad hay solo amor y necesidad de conectar... Los mismos que tienes tú en cantidades industriales.

Es mal sabor de boca lo que tienes. Primero por el numerito de anoche, preparando la vista, te dijeron. Después por la insulsez de las conversaciones, la velada anodina, la saturación de infancia, incluso las miradas de desidia de él, cansado de las mismas historias, hastiado de tu ira, desinteresado de tanto pasado.

Es tristeza profunda lo que puja tras tus ojos, te impide llorar y te colapsa las neuronas, que no son capaces de pensar y te anegan el corazón, que se siente incapaz de sentir.

Ya has llegado, reina, ya has llegado. El destino era este, no encontrar las soluciones ni abanderar tus valores, sino rendirte a la evidencia, aceptar las erróneas expectativas y abrazar esta renuncia. Es soltar lo que necesitas. Soltar tu necesidad de que comprendan, de que compartan, de que validen, de que reconozcan.

Estás tan, pero tan cansada de explicarte, de justificarte, de darles pena, de exaltarte y de reinventarte... ¿Qué pasaría si tan solo sonríes y dices "yo ahora soy libre"? Demolerías sus barreras, desarmarías sus miedos, desconcertarías sus estrategias. Ellos temen que te pierdas y no conseguirás que entiendan que es ahora cuando te estás encontrando. Porque toda tu vida te ha conducido hasta este momento, todo tu dolor encapsulado podría liberarse hoy si tan solo aceptaras que no tienes nada que demostrar, tan solo tienes que ser tú y mostrar que el camino te hace feliz. No más dramas, ni quejas, ni reproches, tan solo sonríe y di con amor: "No pretendo que lo entendáis, pero yo soy feliz de maneras distintas a vosotros". Tan solo sé tú y déjales ser. Suelta todo lo demás...

Mi querida reina de los recelos, no has venido aquí a reencontrarte con el pasado que tanto anhelaste, sino a dejar gotear el amor que tu propia sangre quería darte y sobre todo a compartir un anhelo mucho mayor, el de tu alma expandiendo tu verdad para que ellos comprendan tu igualdad. No temas perderte, pues nunca les tuviste. Solo disfruta de **tu** amor. El resto lo tienes que soltar.

El eco de las voces en sordina te trae de regreso a la sala. Oyes pasos de gente indefinida alrededor del estrado. No ves nada. Sólo retumban en tus oídos las últimas palabras del juez: "Recomiendo a la acusada que trate de olvidar todo los cargos y los falsos testimonios y reconstruya su nueva vida, como una persona libre e inocente." Amén.

Bendita Culpa

Capítulo 19

CULPA POR NO SER UNA BUENA CRISTIANA

Sólo para que conste: hablamos de cristiana católica. Y sólo para que conste: esta culpa me la quité de encima hace muchísimos años (exactamente 26), pero creo que es el origen de muchas otras (si no de todas), por eso quería ampliar esta sección así.

Podría pasarme horas hablando sobre el sentido de culpabilidad que nos ha provocado a todos (sí, a todos sin excepción, esta vez soy taxativa) la cultura judeo-cristiana. Pero ya existen tratados completos que abordar el tema y eruditos muy sesudos que se lo han tomado muy en serio. Y también expertos como Pilar Sordo[7], quien lo cuenta desde el humor, que siempre es más instructivo. Porque, como dice ella, el perdón es un regalo que uno se hace a sí mismo.

Lo que yo pretendo con este libro es hablarte sólo de cosas que yo misma he vivido, así que empecemos por el principio.

Me crie en una familia católica, recibí todos los sacramentos y me educaron en un colegio de monjas durante 13 años. Hasta ahí todo bien. Después hice COU en otro del Opus Dei y con ellos no tan bien, aunque conocí allí a mi adorable primer novio y a dos de mis mejores amigas aún a día de hoy, así que doy por bueno lo vivido. Lo que quiero decir es que sé de lo que hablo: padres practicantes, abuela de Misa diaria, yo de dos Misas semanales (una en el cole y otra en familia), rosario escolar cada tarde, peticiones a la Virgen durante el mes de mayo, convivencias y grupo mariano, todo el kit. Y no sé cómo lo ves tú, pero yo no me sentí adoctrinada, sino muy bien acogida y, sobre todo, increíblemente formada. Algunas de mis profesoras (seglares) han marcado mi vida, literalmente (este libro va dedicado a la mejor). Y otra de las de toca, la

---

[7] Vídeo de Pilar Sordo: "La culpa te estanca"

monja rebelde, cambió por completo muchos de mis conceptos sobre religión y filosofía de vida. De modo que yo no tengo críticas que hacer al sistema en general, ni tampoco me pesa haber fantaseado de cría con tomar los votos, ni mis escarceos de adolescente y adulta con las misiones y las ONG. Lo que sí me queda claro es que todo ello me cableó el cerebro de una cierta manera.

Y entonces llega el verano de 3° de BUP y me voy un mes a estudiar inglés a San Francisco. Y allí descubro, además de todo un universo europeo de liberación estudiantil, que los católicos no somos el ombligo del mundo, ingenua de mí. Y me veo abocada a asistir a una Celebración Metodista, porque es el único sustituto que encuentro a mi Misa del Domingo. Y después de aquello, nada será lo mismo. No sé si fue la decoración de la capilla, sin una sola efigie doliente ni crucifijos descarnados, sino un montón de carteles tipo "No estás solo, Dios te ama". O quizás la guitarra y el bajo apoyados donde yo habría esperado ver el altar. O el predicador televisivo (y no obstante auténtico y nada histriónico) que nos jaleó a todos durante casi dos horas, preguntando de cuántos países distintos éramos los asistentes y pidiendo frases espontáneas a los que nos atrevimos a levantar la mano. O las sensaciones de pertenencia mientras después cantábamos todos emocionados, perfectos desconocidos en una unión hipnótica que pocas veces he vuelto a sentir.

Puede que te suene sólo a una anécdota muy peliculera, pero te advierto que, durante uno de los cánticos tristones del primer domingo nada más volver a España, yo empecé a sufrir mi primera crisis de fe. Eso sí, ahí todavía estaba muy lejos de descubrir la mella que había hecho en mí la culpa: *sólo* me dio en la nariz que los conceptos cristiana/disfrutona no iban muy bien juntos.

La caída del guindo final, también te digo, tardó otro lustro más. El sexo iba a ser el catalizador real de mi disociación interna definitiva. Me doy cuenta ahora, ojalá hubiese sido consciente entonces porque me habría ahorrado muchas tardes de locura junto a aquel gran hombre. Él lo sabe, porque a día de hoy sigue siendo una de mis personas favoritas. Aún recuerdo su mirada tierna, observando pacientemente cómo luchaba contra mí misma: cuando todo tu ser te pide que sigas adelante, porque es el hombre, el momento y los sentimientos perfectos, pero una vocecita te taladra las meninges con un "no debes hacerlo, porque es pecado".

Y te pongo ese ejemplo del sexo porque para mí es el más sangrante, pero podríamos hablar del uso de anticonceptivos, o de eso de haber "vivido en pecado" 10 años hasta que nos casamos, o de no ir a Misa, o no confesarme, o no comulgar, o no respetar las comidas de la Cuaresma, ... cualquier precepto incumplido es potencial fuente de culpa, por más que me repita que la Iglesia no puede seguirle la velocidad a la sociedad.

Así que no hace falta que enumere todos los demás fallos que podría haber cometido como católica: ni los mandamientos, ni las obras de bienaventuranza, ni los pecados capitales, ni las pequeñas faltas. Y por supuesto, no voy a entrar a valorar si mi pequeño episodio carnal coincide con tu forma de entender la pareja dentro del catolicismo, faltaría más. Esta es sólo mi particular visión y mis impresiones más íntimas. He pasado horas debatiendo con una pareja de amigos muy querida y ellos me desmontaban todos y cada uno de estos enfoques. Al igual que, lo que parecen siglos después, yo descoloqué a más de uno durante mi cursillo prematrimonial, que elegí vivir desde un lugar muy distinto en mi corazón.

Todos estos detalles me confirman algo que tú y yo ya sabemos: la vida está hecha de puntos de vista. Y eso es parte de su riqueza. Y si no, que se lo digan a la *Brasa* sustituta de mi grupo mariano Foc. Tenías que ver la cara que puso cuando, en unos ejercicios espirituales, nos preguntó, al estilo coro de los payasos de la tele: "¿Para qué hemos venido al mundooo?" y todas las *Chispitas* le gritamos al unísono: "¡¡Para ser santaaas!!!". Cuando ella se repuso del shock, nos espetó: "¿Pero quién os ha dicho eso? ¡Será **para ser felices**!" Pero claro, aún no sabíamos que Irene, nuestra mentora titular, volvería de su retiro directamente para ingresar en las Carmelitas Descalzas, en clausura en el Escorial. Fui yo quien tuvo que reponerse después, pero he de decir que asistí a su ceremonia de consagración y ha sido uno de los rituales más impactantes, escalofriantes y bellos que he vivido hasta hoy.

Miro todas estas fotos antiguas en mi memoria y me sorprendo de cuantísimo he podido cambiar mis creencias y mis valores a lo largo de los años. He pasado por varias religiones (algunas practicadas, otras sólo estudiadas) y me he acercado a doctrinas filosóficas y ritos ancestrales. No te voy a aburrir con mis descubrimientos ni conclusiones sobre el islam, budismo, sufismo, zen, yoga, fengshui, ayurveda, druismo, huna, kabbalah, chamanismo, reiki, canalizaciones, o morfogenética. Sin embargo, mi percepción es que cuantos menos intermediarios voy necesitando, más cerca me siento de la Fuente.

Y lo más importante, creo yo. Tengo muchos, muchos defectos. Y tengo bastantes, bastantes incertidumbres. Pero una sola certeza y una cualidad principal: soy una buena persona. Y eso no necesita certificarlo ningún pope.

Elige tu fe, elige quién quieres ser, pero por favor, sé bueno. Es lo único que importa.

Capítulo 20

CULPA POR IRTE DE CASA

*"Todas las familias felices se parecen,
pero las infelices lo son cada una a su manera"*

("Ana Karenina", de Leon Tolstoi)

Te llamas Juana. Aunque quisieras llamarte Esmeralda. Porque el destino de una es cruel, pero el de la otra es innombrable.

No lo habías pensado hasta ahora, pero un día hablando con un profesor de sociología, te cuenta que uno de los males endémicos de nuestra sociedad es no saber cortar el cordón umbilical. Porque nos hemos distanciado tanto de nuestros antepasados cavernarios, que ya hemos dejado de celebrar ritos de paso y de iniciación. Y cuando alguien menciona que esas cosas todavía se estilan en algunas culturas lejanas, no se nos ocurre que ellos puedan ser más sensatos que nosotros, oh europeos superiores. De modo que nos saltamos el destete, porque mamá se tiene que ir a trabajar y hay demasiada prisa para andar con duelos. Y después nos olvidamos de despedir la adolescencia también, porque ahí seguimos chupando de otra teta, la del Estado muchas veces, o la de los padres que nos siguen manteniendo en casa, aunque tengamos 35.

Y tú terminas el cortado y te despides del Fósil, y te encaminas a la boca de metro de Tirso de Molina, tarareando una de Lady Gaga y negando con la cabeza. Porque tú no eres así. Tú tienes 37, pero llevas casi 20 fuera de casa. Tú no te aprovechaste de ellos, tú saliste corriendo porque no podías soportar más vivir allí.

Ahora lo has superado todo, pero recuerdas, mientras Spoti salta a una de Pitbull, las palizas que te daba tu madre. No te recreas, sólo las rememoras con un halo vago de dolor, porque ya no te duele de verdad. Al igual que tampoco te rompes ya al pensar en los abusos sexuales de tu padre. Has hecho tanta terapia, que ya no sufres al traerlo a tu mente, ni tampoco te cabreas por no encontrar ninguna excusa para él: ni alcoholismo, ni drogas, ni tradición familiar, que el abuelo Benito era un bendito. Ella al menos sí, ella tenía excusa, con eso de su enfermedad mental, que nunca quiso tratarse y cuya sombra te persiguió hasta que un estudio genético la descartó en ti.

La lista de "Happy Hits" sigue perreando y tú reconsideras la situación. Los dos están muertos ahora, ya no hay nada que temer. Y tú vives una vida independiente, ya no hay ritos que hacer. Entonces, ¿por qué sientes que algo se te desgarró dentro aquel 14 de mayo, cuando salías por la puerta?

Nadie podría acusarte de abandonar un hogar que había dejado de serlo tiempo atrás, si es que alguna vez lo fue. Y en ese caso, ¿qué es esa sensación de desazón que te quema al tragar? No la reconoces, se parece como al remordimiento, como si hubieras hecho algo horrible. Pero tú sabes que necesitabas cruzar ese umbral para sobrevivir. Que te costó al principio, con trabajos de cajera en el Día y de camarera en bares de mala muerte, casi todos en B porque aún no eras mayor de edad. Pero que te permitió sobrevivir de verdad, al terror y al daño físico, porque del emocional has tardado en recuperarte.

¿Qué es eso que te sube desde el estómago y se agarra a tus mandíbulas?

Tú sólo querías vivir. No seguir llorando al dormirte y al despertarte, no tener que esconderte cuando había discusión, ni encerrarte cuando los golpes llegaban a tu puerta. Tú sólo querías salir de aquella habitación compartida, de aquella casa sin casi ventanas, de aquel barrio lleno de junkies con los que a veces te desahogabas durante largas horas de desvaríos ininteligibles, a pesar de estar sobria.

¿Qué es ese sabor amargo?

Te fuiste lejos, cambiaste de provincia. Seguiste tu vida durante años, hasta aquella llamada. Tu hermano había muerto. Se tiró debajo de un tren en la estación de Delicias. Nadie supo nunca qué pudo haber pasado, "era un chico muy majo y muy normal", dijeron los vecinos a la policía.

Ellos no sabían lo mismo que tú, la de veces que intentaste llevártelo contigo, la de intentos de pagarle un apartamento cuando por fin pudiste prosperar. La de charlas tratando de convencerle de que no era su obligación quedarse a cuidarles, como él se empecinaba en decir.

Te entra un ataque de tos y rebuscas en tu mochila la botella de agua que te sobró en el bar. Culpa. Ahora le pones nombre a eso que sientes.

Culpa por no haber insistido más. Por haberte cansado de llamar a tus padres durante semanas después de tu partida. Culpa por no haber cogido un séptimo avión para intentar verlos, culpa por no haber aporreado la puerta más fuerte para que te abrieran, las seis primeras veces fallidas. Culpa por no haber sido más convincente en el banco, cuando trataste de explicarle a la secretaria de tu padre lo importante que era que te concediera una cita. Culpa por no haber obligado al psiquiatra de tu madre a que le diera el alta, para sacarla del internamiento y cuidarla tú misma. Culpa por no haberte gastado más dinero en abogados, que revocaran la inhabilitación que les alejó de ti definitivamente.

Sí, ahora lo sabes. Rosalía está quebrando su voz en una farruca lastimera, cuando tú consigues por fin hilar una frase en tu cabeza que lo explique todo. Lo que sientes es culpa de haber dejado a tu hermano solo. Porque si tú hubieras seguido en casa, quizás tu padre habría acabado contigo, pero quizás, sólo quizás, no habría empezado con él.

Bendita Culpa

Capítulo 21

CULPA POR BAJAR DEL PEDESTAL

¿Te ha pasado alguna vez que has endiosado a alguien y lo has puesto en un altar? ¿Se te ha caído el kiosco al cabo de un tiempo, o te has caído tú del guindo, con todo el equipo?

Esas duelen, ¿verdad? Porque producen un chasco y después una gran desilusión. Esa persona igual no te ha hecho nada, pero oh, no es como **tú** creías.

Sin embargo, hay otras ocasiones en las que nadie se da un batacazo, simplemente las cosas caen por su propio peso, a causa de la madurez (como la fruta), o de un buen trabajo interior (como es este caso). Esas veces, eres tú mismo quien se sube al retablo, abraza al santo y lo deposita con cuidado en otro lugar, en aquel que le corresponde. ¿No te ha pasado? A mí sí.

La primera vez fue con mi padre. La última ha sido reciente, la semana del eclipse, con el (otro) hombre de mi vida. Y sobre ambos he dudado si escribir o no. ¿Me querrán menos si saben lo que pienso? ¿Será que les quiero menos yo? ¿Faltaré a su amor si dejo de idolatrarles? La respuesta, serena y solemne para mí, es: justo al revés.

Los que hayáis pasado por un taller de relatos (o por la consulta de cualquier profesional de la ayuda) sabréis que es de 1º de escritor (o de 1º de terapia) aquello de "matar al padre". Si hablamos de literatura, son las fuentes y tus autores tótem. Si nos referimos a la psique humana, son todos los referentes familiares que hayan marcado tu personalidad. Y eso implica que si, por ejemplo, tenías muy alto en aprecio a un padre y muy baja en estima a una madre, les cojas a los dos, les recompongas las vestiduras y les vuelvas a colocar, esta vez a la misma altura. Porque sólo desde ahí serás capaz de valorar sus increíbles aportaciones y de poner en perspectiva lo que no salió bien. Y de equilibrarles a ambos dentro de tu corazón.

Lo mismo pasa con las parejas. Es de todos conocido que, en cualquier relación, siempre hay uno más pillado que el otro, sea un poquito o un muchito. Y eso puede hacer gracia si es poquito, o puede generar apegos y dependencias si es muchito. A veces he pensado si tenía que ver con relaciones anteriores, o con quién deba más en esa pareja, pero no termino de encontrar el denominador común. Lo que sí tengo claro que afecta es un factor del que ninguno escapamos: el grado de devoción que sentimos por nosotros mismos.

No voy a entrar ahora a debatir lo faltos que (casi) todos estamos de una justa apreciación. Ni tampoco a filosofar sobre si, eso que a veces etiquetamos como egoísmo y que sólo consiste en cuidar de uno, se trata precisamente de *autoamor*, como dice mi querido Luis Bueno[8]. Porque tendemos a demonizar todo aquello que nos da culpa, como también el *amor propio*, que nos suena a orgullo, igualmente confundido con la soberbia, aunque tan lejos.

No debatiré pleonasmos, sólo quiero apuntar en una dirección, ¿podría ser que, si tú no te quieres lo suficiente, cualquier cosa que el otro haga por ti te parezca una hazaña digna de un héroe? ¿Que, si tú no te das lo que realmente mereces, toda caricia se sienta un regalo, todo regalo se reciba como inmerecido? ¿Que, si tú no te ves, te cueste comprender qué verá fulano en ti, o cómo querría seguir a tu lado?

Están las estanterías llenas de novelas de príncipes que galopan en su caballo al rescate. Y está nuestra generación repleta de princesas que no quieren ser rescatadas. Porque, aunque suene romántico, eso nos colocaría de nuevo en dos niveles de la escalera de palacio, mientras que hacen falta dos tronos equidistantes para reinar un hogar.

Por eso sé que en esta semana, échale la culpa al eclipse o a mi Saturno en Casa 7, lo que me ha pasado con David no ha sido malo, sino todo lo contrario. Me ha escocido, me ha descolocado, pero me ha curado y me ha reposicionado. Porque he empezado a verle desde los ojos de una diosa. Y

---

[8] Web de Luis Bueno, Efeteando

desde ahí me he dado cuenta de que él también es mortal. Pero no porque yo ahora sea mejor, ni él peor. Sino porque, durante un breve lapso de tiempo, he podido usar el filtro de la mirada del equilibrio y saber que unos días yo soy la fuerte y otros días le toca a él. Que en unas capacidades soy brillante y en otras brilla él. Que yo estoy llena de defectos, pero que alguno también tiene él.

Y si estas explicaciones te están repateando, plantéate que no seas tú el que está siendo adorado por tu esposo/novio/churri/follamigo. Pero si algo de esto te está resonando, concédete unos minutos para reflexionar cuál de los dos eres: si el dios, o el costalero que lo lleva a hombros en la procesión. Porque, tal como yo lo entiendo, vuestro amor será más duradero y real cuanto más viváis cada momento codo con codo, alineados como iguales.

Así que, llegados a este punto, lo veo con total claridad: no le he bajado del pedestal, me he subido yo. Y desde aquí, a su lado, ahora le quiero más. Ya avisé en "Bendito Virus" que estaba enamorada hasta las trancas, qué le vamos a hacer. La diferencia es que ahora puedo apreciar que el hecho de que siga apoyándome en los días malos no es gratis para él, porque tiene el coste de su propia humanidad. Le cuesta como a un humano, no como a un dios. Y eso le hace más valioso para mí. Y a la vez, me permite amar esa vulnerabilidad en él. Y es desde una relación más balanceada, con una sintonía cielo-tierra.

Como ese canto rodado que contemplo en la orilla mientras escribo: blanco, reluciente y firme con cada ola, porque está bien asentado en su arena.

Bendita Culpa

Capítulo 22

CULPA POR NO FLUIR

La playa me ha echado. Yo estaba estrenando mi nueva *silla con pies*, de 12€ pero turquesa, con funda y con asas. Y estaba tan contenta, de verdad, con mar picada y yo mirándola al ras y mojándome los pies. Y llevaba escrito medio capítulo de "culpa por odiar a los funcionarios", porque esta mañana hemos tenido una experiencia religiosa con el encargado de un consultorio del servicio andaluz de salud. Pero he pensado que mejor no lo publico, por dos cosas: una, que me iban a quedar más largas las disculpas y aclaraciones sobre si funcionarios sí o no, actitud funcionarial, servicios básicos y paradigmas caducados, que la explicación en sí del episodio místico. Y dos, más obvia: que si después de lo que me ha costado hoy llegar al mar, centrarme y vencer al folio en blanco, resulta que ahora una tormenta ha decidido vaciar una nube entera sobre mi cabeza en cuestión de segundos, por algo será.

Así que he recogido mis bártulos a toda prisa, he echado a correr sujetando mi pamela, que para entonces quedaba de lo más ridículo, y acabo de sentarme a escribir en el coche, que a mí a resiliente no va a ganarme nadie.

Pero digo yo, que igual el tema tiene que ser un pelín distinto. Porque si me paro a enumerar, llevo un par de días con discusiones continuas con el Pacificador, por tonterías de lo más variopinto, pero con un montón de fricción entre los dos y de interferencias de otras personas. Y ayer, en mitad de un silencio incómodo, tiramos la moto al suelo mientras estábamos aparcando. Y hoy ha sido un despropósito en el ambulatorio y otro en el taller. Y cuando por fin he venido al mar a pasar lo que quedaba de mañana, a ver si se me enfriaban los vapores, el Pacificador me ha llamado para decirme que se le habían olvidado las llaves, así que he desmontado todo el tenderete que acababa de dejar listo y me he ido a abrirle, con lo que ya no he podido bajar al mar antes de comer. Y después me he quedado atrapada de nuevo en mi rueda de hámster y hasta pasadas las siete no he conseguido estar de vuelta aquí, total para que a la tercera página la playa decida echarme.

Pero vamos a ver, ¿qué está pasando aquí? Que yo sólo quiero escribir y disfrutar un ratito cada día, no puede ser que tantas trabas vengan de fuera, así que me les debo estar creando yo. Que ya sabemos que esta es la era de la manifestación, que lo explica muy bien Cari Oliva en sus zascas cuánticos.

Entonces es que no estoy dejando a mi ser esencia fluir, que no estoy escuchando los mensajes de mi ser, pues menuda castaña de profesional debo ser. Porque no puedes crear una marca que se llame *Quién Dijo Imposible* y después otra con *BenditoLunes* y rendirte a la primera de cambio. Que qué van a pensar tus seguidores, no digamos tus clientes, porque de tus amigos ni hablemos. Que a ti todo el mundo te pide consejo, te llama cuando están mal, te preguntan por fórmulas mágicas y se sorprenden cuando no se las das. Y algunos no se han parado a pensar que igual tú no las tienes, o que igual no las hay, o que igual es que no puedes contestar porque ese día, igual sólo ese, estás peor que ellos.

O igual no es un día. Igual es todo un proceso y tú no puedes estar disponible emocionalmente, por mucho que ellos quisieran... y tú también.

Resulta que los consteladores también tenemos malos días, que las mujeres de bandera también nos derrumbamos, que la meditación y el qigong no siempre son suficientes. Que la era que nos ha tocado vivir está derribando todos los muros, tocando todos los cimientos, barrenando cualquier resquicio de edificio, para que podamos comenzar de tabula rasa, a construir una nueva realidad alineada con quienes somos ahora.

Lo he visto esta tarde en un estado de guasap: un fondo rojo de cristales rotos, con una frase muy lúcida: "No lo romanticemos: el verdadero crecimiento espiritual es un proceso de destrucción. Es el desmoronamiento de todo lo que ya no eres". Y yo lo siento tal cual. En mi primer libro contaba que la pandemia me había cambiado la vida, que *nos* ha cambiado la vida. Y me estoy dando cuenta de que esta especie de meses sabáticos lo están poniendo todo a prueba. ¿Quieres ser escritora?

Pues apechuga. ¿Quieres vivir en el mar? Pues demuestra que sabes disfrutar de verdad. ¿Quieres conocerte mejor? Pues aprende a soltar el control, a cuestionar toda tu programación inconsciente, a mudar la piel.

Estoy en duelo de mí misma. Siento que ha llegado mi metamorfosis del águila. Esa que dicen que ella misma provoca pasados los 40 años de vida, cuando empieza a arrancarse con las garras una pluma detrás de otra, hasta quedar despojada de todo lo que fue. Y que no termina hasta que renueva el pico también, quebrándolo contra una roca, para arrancarse entonces las garras. Y así cerrar su ciclo de transformación y volver a renacer.

Pero yo no sé si toda esa historia es cierta, ni tampoco tengo claro qué saldrá de este aguilucho maltrecho y desnudo que soy ahora, mucho menos glamouroso que el de los vídeos inspiracionales de YouTube.

De momento sé que estoy intentando reciclar todo este dolor y convertirlo en algún tipo de superpoder, para que todo tenga algún sentido. O como mínimo plasmarlo en estas páginas, por si te da alguna pista y así al menos sentirme útil.

Y, ya que hablamos de tótems, esa mutación de carroña en alimento se parece más al buitre, que por algo te mira fijamente desde la portada.

Así que no, no pienso sentir culpa por no fluir con la vida. Voy a invocar a la Elisa del futuro, la que ya sabe cómo salir de ésta, para que me muestre el camino. Que mañana, estoy segura, empezará en la playa.

Bendita Culpa

Capítulo 23

SINTONIZANDO CON EL DISFRUTE

El chaparrón de ayer sobre mi intento de escritora derivó anoche en una tormenta eléctrica. Los perros han dormido debajo de la cama, respirando a duras penas el oxígeno que nos robaban a nosotros. Y cuando hemos abierto las puertas al levantarnos, me han dado ganas de volverme a dormir. Toda la parcela estaba cubierta por miles de hojas de aguacate, hermanas de las que ayer estuve barriendo durante una hora y media. He tenido que desmontar y cepillar todos los cojines del juego de sofás chillout que habíamos comprado para nuestra primera visita de amigos, pues se han empapado antes de que pudiéramos estrenarlos. Levemente, en el fondo de la cabeza, escuchaba una queja conocida, esa de 'todo me pasa a mí, cómo puede ser'. Pero como me he pillado, cuando iba a tenderlos al solecito, me he tenido que sacudir el victimismo y he canturreado medio refunfuñona un "caracol, col, col, saca los cuernos al sol". He cogido más toallas para enjugar también el bastidor de aluminio y justo entonces, sobre el barrote principal, he frenado en seco… precisamente sobre un caracol diminuto que parecía estar desperezándose. Madre mía, pero si es que no soy más mágica porque no me pongo…

Así es que esta vez lo he pillado, al menos cada vez soy un poco más rápida, je. Aquí me hace falta cambiar el chip una vez más. Y mientras ponía la lista de "Lounge Soft House" en el Sonos, me he sintonizado con la disfrutona que soy. Y mientras extendía el cable del soplador, he logrado vencer la culpa constante ésa de 'tengo muchas cosas que hacer' y me he recreado en zarandear el agua de las flores-campanilla gigantes, para que no se doblaran por el peso. Y por el camino me he extasiado con las vistas desde el jardín, esos aguacates traicioneros, más allá los cortijos diseminados, al fondo el Mare Nostrum. Y cómo ha cambiado mi perspectiva, sí. Son pequeñeces, pero así podemos hacer con todo.

Podría confirmar que todo en la vida es cuestión de actitud. Pero alguno me acusaría de *buenista* y de tener muchos pájaros en la cabeza. Podría contarte que el dolor es parte de la vida, pero que el sufrimiento es opcional. Porque es el sentimiento asociado que surge de cómo nos tomamos ese dolor. No lo digo yo, lo dicen muchos sabios[9]. Por eso quiero hablarte mejor de teorías que sí son de cosecha propia: la diferencia entre sufridores y disfrutones que hacía al principio de este libro no es nada obvia. He estado años intentando dividir en las dos categorías a todo aquel que conocía un poco a fondo y, casi siempre, la elección era evidente para mí. Pero ni una sola vez de las que he tratado de contrastarlo con la persona, ni una, he conseguido que nadie se declarase sufridor. A veces ha provocado risas, porque el marido o marida correspondiente ha soltado una escandalosa carcajada, "¡Cómo que no, sufridora total!" Pero el susodicho/a siempre, repito, siempre se defendía con algo como "Qué va, pero si yo soy muy disfrutón, pero a mi manera". No ha servido de nada que yo les explicara que había una tercera opción, la mía: sufridor de nacimiento, pero de camino al disfrutón. No, no, ellos ya han llegado, todos sin excepción.

Cuando, a mitad del libro, me dio por cambiar el concepto 'sufrimiento' por el más específico de 'culpa', el tema cambió bastante. Porque culpables sí nos sentimos casi todos... incluso de etiquetarnos como 'sufridor'.

Eso me lleva a pensar que, efectivamente, todos llevamos dentro a un gran disfrutón. Y que la razón por la que muchos lo tienen dormido es sencilla: tienen culpa (consciente o inconsciente) de sacarlo a pasear y eso les genera cantidades ingentes de sufrimiento (profundo o superficial).

Esa es la razón de que me esté devanando los sesos, buscando desenredar esta madeja que cada uno hemos aburruñado con los años. Porque si yo puedo tirar del hilo, que ya habrás visto que lo cargo a kilos, creo que cualquiera puede hacerlo, porque peor que yo no será.

Así que ven, siéntate aquí conmigo. Y no te quejes tanto de que el ventarrón nos ha estropeado el día de playa. Enróllate en la toalla, ponte las gafas de sol aunque este nublado y alucina con los gritos que están

---

[9] "Aceptología", de Gerardo Schmedling

dando los kite surfers. Es un día espectacular para ellos. Mira cuántos colores de cometas y cuántas formas y vaya velocidad supersónica llegan a pillar. Descálzate, mejor, sí. Hunde los pies en la arena mojada, por debajo está increíblemente caliente. Cierra los ojos, deja que el viento salado te despeine y te salpique de mar. Y ahora permite que se lleve también toda tu culpa, y detrás de ella todo tu sufrimiento. Porque debajo, enrollado en una toalla, sonriente como un bobo, está apareciendo un disfrutón de los de verdad.

Bendita Culpa

Capítulo 24

BENDITO MAR

La primera vez que estuve en Alicante por trabajo, un taxista me acercó a la playa en el breve intervalo que me quedaba entre el ultimo cliente y la salida de mi vuelo. Cuando le pregunté si él mismo podía recogerme a la media hora, se sorprendió de mis dos largos trayectos sólo para pisar la playa tan poco tiempo. La explicación que balbuceé fue sobre la pasión de los madrileños por el mar. Pero su respuesta fue mejor: "Ahhh, el mar... eso es algo para todos, de ahí venimos todos y allí es donde más nos encontramos a nosotros". Hoy he recordado tanta profundidad encerrada en un sencillo taxi, porque hoy el mar me ha vuelto a re-encontrar.

Encuentro con una ciudad a la que no venía hacía años. Asombro con una costa que recordaba con otra silueta, recortándose entre palmeras, fortalezas y rascacielos. Sorpresa con un gentío inundando la arena como no se veía hace meses. Rubor cuando un par de vigilantes jovencísimos se han dirigido directamente hacia mí, para indicarme que no podía sentarme en la orilla porque era de paseo, sólo a partir de los postes señalizadores. Y paz, mucha paz, cuando por fin he metido los pies en un Mediterráneo extrañamente caliente para mí, acostumbrada estos meses a las frías corrientes malagueñas.

Hoy ha sido un día duro, duro de verdad. Me refiero a conflictos reales, a sentimientos reales, a personas reales. Hoy no iba de mi mente, ni mis atormentamientos, ni mi montaña rusa emocional. Ni hoy, ni ayer, ni toda esta semana, que ha culminado un proceso de varios meses, una búsqueda de varios años. Hoy he recorrido 1.000 km para mirar a un ser humano a los ojos por primera vez. Presentarme, cogerle las manos durante media hora y dar la vuelta. Mil kilómetros eran la distancia que separaba dos corazones heridos, que hoy han quedado unidos, sin importar si no se vuelven a juntar.

Porque la vida a veces hace regalos como este, permitir un encuentro entre dos perfectos desconocidos que jugaban a la exclusión. Y, en su generosidad, le añade ración doble de primeras veces, alineando los astros para que, un día de San Juan, dos compañeras que compartieron colegio y un amor común, sin haberse visto jamás, se fundan en un abrazo y un llanto en una atestada estación.

Un hombre y una mujer a los que hoy he conocido. Que estuvieron siempre en mi historia, pero sobre los que no existió guión hasta hoy. Con los dos me ha unido un dolor y una pérdida, pero hemos podido revertirlos hoy en una canción con una nueva letra.

Y cuando, agotada físicamente y desbordada emocionalmente, me he escapado unos minutos al mar, he sabido para qué había venido. He respirado olores antiguos y he captado sonidos conocidos. Y después ha llegado el reencuentro con una nueva yo, que dejaba marchar tiempos pasados y sólo sentía el disfrute de una arena más fina entre los dedos, el eco de las gaviotas, la brisa mojándome de sal, la temperatura del agua calentándome los pies, pero sobre todo el corazón.

Hoy ha sido el mar quien me ha encontrado a mí.

Capítulo 25

CULPA POR PERDER EL TIEMPO

¿No te ha pasado nunca? Esa sensación de llevar todo el día sin parar, pero no saber muy bien en qué se te han ido las horas. ¿Que no sabes de qué te hablo? A ver si tú vas a tener más de 24 horas al día, que es lo que a mí me haría falta.

O quizá si me entiendes, porque tú también crees que pierdes el tiempo. Qué expresión más rara, ¿no? El tiempo en realidad no se pierde, no se va a ninguna parte, sólo se usa en lo que sea que tú has decidido priorizar ese día. Y es precisamente cuando no lo decides conscientemente, cuando más parece escaparse de tus manos, escurriéndose como arena entre tus dedos.

Desconexión emocional. Eso es lo que dice mi terapeuta que tengo. Se lo he rebatido mogollón, porque cómo va a estar desconectada de sus emociones alguien que no hace más que hablar de ellas y fijarse en las de todo el mundo. Pero según voy mirando, averiguando, escuchando dentro de mí, más me doy cuenta de la razón que tiene. Es precisamente analizarlas lo que me impide **sentirlas** de verdad.

Nos pasa con todo, no creas que soy yo sola, igual no te has estudiado lo suficiente. En mi caso, puedo encontrar varias formas de escaquearme. Esos mil cursos que he hecho me han dado un gran conocimiento, pero la sabiduría real sólo llega cuando me paro y mantengo el silencio. O esas mil terapias que me han ido moldeando, llenas de ejercicios con los que aprendía sobre mí. Pero que no me han cambiado en esencia, hasta que no me he plantado delante de mí misma y me he rendido de una vez por todas.

Perder el tiempo. Como si el tiempo fuera nuestro. Como si fuera una propiedad. Por eso intentamos rellenarlo, darle un propósito, una utilidad.

Porque eso es lo que hacemos en las sociedades occidentales, ser productivos. Que está muy bien cuando ya sabes quién eres, pero sin embargo es la excusa perfecta para quien no lo sabe.

Porque haciendo, haciendo, haciendo, no necesitamos conectarnos con lo que somos realmente. Ese estado en el que basta respirar hondo para saber lo profundas que son nuestras cavidades, las alveolares y las del alma.

Hacer nos calma. Al menos a los que hemos nacido bajo patrones de perfeccionismo, o de exigencia, o de no merecimiento, o de falta de reconocimiento, o de carencias afectivas o materiales. Hacer cosas nos da la sensación de que estamos aprovechando el tiempo, aprovechando la vida, en definitiva. Pero, ¿qué pensarías si te digo que quizás es una droga? ¿Que tu cerebro interpreta las señales en función de lo que le fuerzas a emitir? La dopamina que generas cuando completas tu checklist de tareas le dirá que es bueno buscarse otras 20 más. La serotonina por esa llamada tan difícil buscará retos más complejos que aumenten tu subidón. La falsa serenidad de haber colocado toda tu agenda te despistará del hecho de que los minutos invertidos en organizar se los has robado a los momentos de hacer... y de disfrutar. El cortisol de tu stress le dirá que no puedes pararte a reflexionar, porque tu vida está en peligro. Las adicciones son perfectas para tapar el vacío existencial que todos tenemos (sí, también tú).

No hablo sólo de trabajo, no. Hablo de no poder parar de hacer, tampoco en vacaciones. Como si no me las hubiera ganado, como si no tuviera derecho a descansar, como si yo no fuera suficiente por el mero hecho de existir.

Sobre todo, después de una vida con tantos virajes. Eso sí que es perder el tiempo, me dicen muchos. Que si primero Empresariales, pero luego un Máster que tiene más que ver con Recursos Humanos. Que si comercial, aunque a veces traductora. Que si después coach, aunque lo mezclas con formadora. Que si ahora escritora, aunque a ti lo que te mola es ser conferenciante. *Pero entonces, ¿tú que eres?* La frase más dañina con la que nos hemos criado. Y resulta que el mismo Leonardo da Vinci decía: "Si no soy artista, ¿quién soy?" Pues una persona, ni más ni menos. Otro ser humano que, posiblemente, consideres más grande que tú, pero déjame decirte que no lo sabes. No aún.

Todavía no sabes, ni yo tampoco, de lo que eres capaz. Porque no te permites parar, profundizar, conectar y comprender **quién eres** en realidad. Y no trates de engañarte: ibas a decirme que tú no tienes problemas de ansiedad. Y que tampoco eres workaholic (o trabajólico, si te gusta más). Y yo te pregunto: ¿estás ocupado la mayor parte del día, aunque sea con amigos, fiestas, redes, planes fuera, o lleno de gestiones de la casa y actividades familiares dentro? Pues déjame que te recuerde que cada uno tenemos nuestras formas de evadirnos, sea con alcohol, drogas, curro, gaming, series, o cursillos de espiritualidad. No vayas a creer que eres mejor que los ejecutivos de tu empresa porque haces reiki. O como dice Borja, no pienses que es más saludable tu té verde que un gintonic, si te lo bebes con culpa, o juicio, o cara de amargado. O al revés, no se te vaya a pasar por la imaginación que tú estás más encaminada porque no te comes la cabeza como tu amiga y no paras de hacer cosas divertidas. Puede que las dos tengáis taras, pero que ella las haya descubierto ya... y tú todavía no.

A lo mejor no paras por miedo a ver lo que hay dentro. No porque sea un monstruo, sino porque nuestro propio interior nos resulta tan desconocido que ni lo distinguimos como parte de nosotros. Algo tan simple como no querer meditar porque te pone nerviosa estar en silencio contigo misma.

Perder el tiempo. El riesgo no es perder el tiempo, es perdernos a nosotros mismos. Por no saber vernos, por no reconocernos, por no ser conscientes de nuestras necesidades reales, las de debajo de todos esos sustitutos, que parecen calmarnos cuando en realidad nos alienan y nos alejan de nuestra esencia.

Perdamos la prisa. Esa que nos impide ralentizar el paso y oler una flor al borde del camino. La que no nos deja tumbarnos un rato y mirar el cielo. La que te hace contestar rápido a tu hijo, en vez de recrearte en sus preguntas. La que estropea un momento íntimo con tu mujer, que podría ser sublime sin carreras ni logros ni expectativas.

Soltemos las medidas. Y las agendas y los deadlines. Una cosa detrás de otra, estando presentes cada vez. La multitarea nos mató la atención. El cambio de contexto nos intoxicó el gozo del trabajo bien hecho. Recupera tu foco. Y que sea en ti y en lo que necesitas para ser tú. Atrévete a sentir. A sentirte.

Slow living. Porque sólo lentamente es como la vida merece la pena ser vivida. Con pasos lentos, como hacen los gigantes.

Sin duda avanzaremos más.

Capítulo 26

CULPA POR CONTINUAR EL NEGOCIO FAMILIAR

Te llamas Clara. Trabajas para la empresa de tu familia y maldices el día en que decidiste hacerlo, pero te pudo la culpa. De hecho no sientes que lo decidieras tú, ni siquiera ellos. Debió ser la culpa, entonces.

Has estado dedicando los últimos 24 años de tu vida a contentar a tus padres y a tus hermanos, a levantarte cada día a las 6 de la mañana para cruzarte Barcelona desde Sarriá hasta Mataró, a bregar con vuestros 67 empleados como Directora Financiera. Ahora les ha dado por llamarlo CFO, pero para ti es la misma pesadilla de siempre. Estas aquí porque era lo correcto, no porque lo quisieras de verdad. Has tratado de convencerte de que lo haces por lealtad a la familia, pero por las noches les das vueltas a tus motivos ocultos y te avergüenzas en silencio.

Nunca debiste aceptar que te lo impusieran, pero después de aquel año sabático en la caravana del argentino, tu padre se puso muy insistente: estudiar o trabajar, no más frivolidades. Y tú sucumbiste, pero no por sus amenazas ni sus caras largas, sino porque dentro de ti lo consideraste un precio justo para compensar algo más grave: tu oscuro secreto aquella vez, hace años.

Así que has seguido agachando la cabeza, sin nombrar lo innombrable, sin mencionar tus deseos, sin considerar tus sueños. No importa que tú tuvieras clara tu vocación de cantante, ni que sientas cada tarde cómo tu talento se pudre encerrada en tu despacho. No puedes quejarte de lo alienada que estás en una empresa de grifería, porque os ha hecho ricos.

Ni siquiera le cuentas a nadie que a escondidas organizas tus pequeñas actuaciones, un bolo en una feria de artesanía en Roses, una jam session en un garito de Gracia, una boda boho-chic en Formentera. Porque a las de alta alcurnia ni se te ocurre optar, no vaya a ser que conozcan a alguno de los tuyos. Necesitas cantar más que respirar, en la fábrica te asfixias de lunes a viernes, en la masía te desesperas cada domingo. Es como si vivieras dos vidas paralelas, como si tuvieras un amante, como si alguien te fuera a detener por vender uranio enriquecido en el mercado negro.

Tú sólo querrías poder levantarte, aclararte la voz y decir: "Madre, padre, lo dejo". Pero ellos están demasiado ofuscados en sus propias vidas miserables. Tienen más dinero del que nunca podrán gastar, pero siguen cruzándose miradas llenas de odio en cada Consejo de Administración, porque son incapaces de reconocer lo infelices que son. Y todavía se preguntan por qué hace falta un mediador que ayude en el proceso de comunicación doméstica, no entienden qué es lo que encontró de problemático el executive trainer que les impartió la última charla sobre teambuilding. No se dan cuenta del vínculo entre la tensión de la sala de reuniones de la empresa y los silencios incómodos en el salón de té de la casa familiar. Total, tú cómo podrías comprenderlo, si sólo eres una contable venida a más, a la que no cabe ninguna sensibilidad artística porque estudió económicas en la Uni privada más prestigiosa y no tiene tiempo que perder, los balances esperan.

Y mientras, tú te preguntas por qué tienes esa sensación de pura sangre al que no dejan salir de su cuadra. Porque en el fondo, da igual si te va bien en el negocio y te dedicas a tus hobbies para seguir oyendo palpitar tu corazón, o te va mal y tu padre reconoce que se equivocó. Lo que importa es que haces todo lo que se necesite por cumplir sus expectativas, aunque a ti eso te provoque una depresión.

Capítulo 27

CULPA POR SER INOCENTE

Mi unicornio azul se me ha perdido ayer, que diría Silvio[10].

Soy inocente. Pero no me refiero a todas estas culpas que voy desgranando, no. Me refiero a esa cualidad que podría ser defecto, esa que vive entre la ingenuidad y la credulidad. La inocencia que te permite ver la vida con los ojos de un niño. La misma que, otras veces, permite que te rompan el corazón en añicos. Como con aquel primer amor, que creías puro pero pudo corromperse. Aquella amistad, que parecía desinteresada pero se quebró al primer no. Aquella socia que parecía tu amiga, pero te traicionó en cuanto te diste la vuelta. Aquella persona que creíste noble por su cargo, aquella otra a quien creíste por el vínculo que la unía a ti. Aquella empresa que resultó ser una estafa, a pesar de que te sacaran los colores tratando de negarlo. Aquel concurso en el que creíste participar de verdad, sin saber que ya estaba amañado; esa propuesta por la que estabas convencida de que serías la mejor candidata, aunque la pidieron sólo para copiarte. Aquel puesto que llevaba tu nombre, el mismo que pusiste de parapeto cuando se descubrió que todo era un montaje. Aquel propósito que sentías como una misión del alma, que sin embargo se adelantó varias eras y no cala en este desierto de consciencia.

Pensarás que soy estúpida por dejarme engatusar... y no una vez. No creas que soy masoca, he intentado ir por la vida con coraza de protección. Pero no funcionaba, me desconectaba tanto que dejaba de sentir... y eso es mucho pedir para esta PAS.

Son tantas veces las que he pecado de inocente, que debería ser pecado. No sé si más veces o menos que tú, no sé cuánto te entregas a la vida, ni

---

[10] Canción "Mi unicornio azul", de Silvio Rodríguez

en cuántas ocasiones te has lanzado al vacío sin paracaídas, o cuántas estabas segura de tenerlo pero nunca llegó a abrirse.

Lo que sí sé es que no sé ser otra. Ni sé si quiero serlo. Estoy harta de falsos mitos, de gurús perfectos, de marisabidilla y de *yatelodijes*. Todos esos van por la vida llenos de aplomo y estulticia, te miran condescendientes y te regalan su sonrisa impúdica, recalcando cuán distinto lo habrían hecho ellos todo.

Y sí, quizá sufran menos, no estoy segura. Pero qué hay de la sorpresa, qué hay de la ilusión, qué saben ellos del temblor de rodillas. La estupefacción de que una voz seductora al teléfono te diga "tú has sido la premiada", tu voz vibrante anunciando tus siguientes pasos, la mirada serena recobrando tu lugar en el mundo.

Ellos no saben, te lo aseguro, lo que se siente al caer en una broma sencilla. La ternura que te embarga cuando un abrazo te pilla desprevenida, o las palpitaciones desbocadas por un susto tonto detrás de la puerta. El orgullo cuando él te dice "sólo podías haber sido tú".

Dejadme ser inocente. Inocente, que no incauta, ni infantil. Porque la niña que una vez fui sigue aquí presente, para recordarme que sólo de su mano podré encontrar el camino. Ese en que maduras, pero no te conviertes en un anciano prematuro.

Pues sí, puede que sí vuelva a sentir culpa por mi inocencia. Y, sobre todo, tristeza. Por ese amor no correspondido, o esa amistad unilateral, o ese desengaño profesional, o ese reconocimiento que no va a llegar, o esa ausencia por lo que tú inventaste, o ese compromiso que no quisieron apreciar, o esa amiga que te mintió en la cara, o aquel partner que te quiso torear. O todos esos momentos que brillaban en mi mente, pero que dejaron a oscuras mi corazón.

Pero sí, puede que sí empiece a aceptar que esta soy yo. Que mi inocencia me hace más joven, que mi cuerpo goza más intenso, que mi alma se llena de pasión cada vez que algo me ilusiona. Y que nada ni nadie podrá apagar esta (vibración en mí, porque ese es el Cielo en la Tierra y yo quiero estar viva para sentirlo.

Capítulo 28

DE VUELTA

Qué vacía está la playa. Será por el viento y la bandera amarilla. Pero hoy ni siquiera hay kiters. Será por la hora. Se me había olvidado este silencio, esta soledad. Será porque ya es septiembre, los niños han vuelto al cole, los mayores se han reincorporado donde sea que ahora trabajan, encerrados en sus casas, o en una oficina más o menos gris, o al raso, porque de todo hay en esta viña.

Pero yo sigo aquí. O mejor dicho, he vuelto. He tocado casa un par de días y he vuelto a lo que cada vez siento más mi hogar. No porque desmerezca lo que tengo en Madrid, sino porque aún desprecio un poco a la que soy en Madrid. Sé que suena mal, pero estoy en ello. Ando tratando de integrar que la que consigo ser aquí no se pierda por el camino. Que la de allí no se enrede. Que ambas se fundan en un abrazo de reconciliación y no necesite estar en el mar para sentir el mar. Para recordar que *soy* el mar.

Sigo aquí cuando todos se han despedido de sus vacaciones. Yo he podido decir de nuevo hola a las olas, saboreando cada minuto en su presencia, porque esta etapa se acaba. Me quedan un par de semanas en el paraíso y ahora, por fin, me doy cuenta. Ahora ya no siento culpa. Ahora sólo quiero disfrutar.

Y no me afecta lo más mínimo si caen chuzos de punta, o si un día habrá medusas. Yo sólo percibo la brisa que me refresca la cara, el olor a sal y yodo que me inunda. La humedad que brota bajo las piedras, inesperada, cuando hundo los dedos de los pies y los remuevo. La visión de esas montañas majestuosas detrás de mí, donde en otras playas suelen verse bloques de apartamentos. El roce del sol sobre mis hombros, cálido para contrastar el viento, pero sin llegar a quemarme. La temperatura del agua cuando me acerco a la orilla, en el punto justo como si yo misma hubiera regulado un termostato del nivel de placer. El sonido de las chinas del fondo chocando, arrastradas por la resaca, en un concierto apenas audible desde fuera, pero ensordecedor cuando meto la cabeza. La sensación de levedad cuando me atrevo a flotar, dejando atrás mis dudas sobre la conveniencia de dejarme llevar, o el ángulo en el que no dejarme demasiado. Esa música de cantos rodados, otra vez. Ese sol perfecto, esa luz apacible, esa arena despejada de vida humana y sin embargo más viva que nunca. Ese mar infinito que veo por mis cuatro costados. Ese cielo abierto que embarga mi mirada desde mi posición horizontal del muerto. Ese corazón latiendo, esa consciencia notando mi palpitar.

Cierro los ojos y me abandono a la evidencia: estoy aquí, flotando en el Mediterráneo, en completo estado de éxtasis... comprobando con absoluta certeza que la vida me sostiene. No es sólo el mar, no es sólo el respaldo de mi hombre, no es sólo el resultado de años de trabajo interior. La vida me sostiene porque yo soy mi propio sostén. Porque después de mucho tiempo (y reconozco que sólo a ratitos), he comprendido que soy parte de algo más grande. He sentido que somos todos parte de todos. Me he sentido Uno.

Así que estoy aquí. De vuelta al escenario de mi segundo libro. De vuelta al mar de mis amores. De vuelta a mi casita de los hobbits. De vuelta al aire puro de las montañas malagueñas, de vuelta al acogedor abrazo de su gente auténtica.

Pero, sobre todo, de vuelta a mí.

Capítulo 29

CULPA POR NO SER CAPAZ DE MANTENERTE

Te llamas Snézana y eres una carga. A veces para tus padres, a veces para un hombre, a veces incluso para tus amigos. Una carga económica solamente, ¿eh? Que por lo demás eres un regalo del cielo.

Encantadora, lista, educada, cariñosa, culta, buena gente. Voluptuosa y exuberante. Alta, guapa, morenaza, melena con tirabuzones casi por la cintura, ojos azules, y ese acento exótico que te otorga ser yugoslava, uno que a todos encandila pero que nadie es capaz de situar. Te dicen que ese país ya no existe, pero así es como tú te identificas. Pero eso es lo de menos, porque vives en España desde que tenías 16 años y aquí es donde tu fracaso se hace cada día más evidente. Has trabajado como consultora la mayor parte del tiempo y eres ingeniera, así que no debería faltarte el éxito ni el dinero. Pero el caso es que así es. No importa que expliques que tienes un MBA, ni que deslumbres con tus 9 idiomas, y eso que incluyen serbocroata, esloveno, macedonio, georgiano, ruso y chino. Tampoco sirve que les digas que el salario no importa, ya has visto que los pocos entrevistadores que te contactan no vuelven a llamar nunca. Has acudido a cazatalentos para que te impulsen, a asesores para que te orienten, a coaches para que saquen todo el esplendor en ti.

Pero la luz es muy tenue, o demasiado cegadora, no lo tienes claro. Eres una profesional demasiado brillante para tu pequeño pueblo eslavo, pero parece ser que también brillas demasiado para las multinacionales que te entrevistan en España. Qué queda para ti entonces, si tampoco brillas lo suficiente para pertenecer a la élite...

Hay días en que te armas de valor y empiezas otra vez. Repasas tu excel de candidaturas, revisas el email, compruebas todos los portales de empleo, dinamizas tus redes sociales, haces unas llamadas, se te van más de ocho horas al día a la caza de un puesto. Y por la noche te derrumbas en el sofá, con la fina sensación de que, al menos, lo has intentado todo.

Pero hay otros días, como hoy, en que te cuesta incluso levantarte de la cama. Para qué, si va a ser otro día de la marmota. De nuevo la frustración, la impotencia, los recelos al otro lado de la línea, las preguntas incómodas, las miradas nerviosas. Que si la edad, que si muchos cambios de empresa, que si el título no está convalidado con los convenios europeos. Montones de matices que nunca antes fueron obstáculo y que ahora te impiden avanzar.

No aciertas a comprender cómo llegaste a este punto. Tenías una carrera prometedora y eras una profesional reputada en tu sector. Después vinieron los niños, pero tú seguiste currando, compaginando dentro y fuera, conciliando tus horarios de madre sola con el pequeño negocio online que montaste. Pero tu exmarido no siempre cumplía con sus obligaciones y tus ventas daban lo justito, la tienda nunca llegó a despegar del todo. Tú diseñabas tus propios productos de bisutería personalizada, y eso te hacía inmensamente feliz, creativa y conectada.

Pero no era suficiente. Hay que ser realistas. El dinero no llueve del cielo. Qué piensas hacer. Retumban en tus oídos y rebotan en tu cráneo las frases de tu ex. Así que intentaste volver a la rueda. Encontrar un puesto como los de antes, más o menos estable, con más o menos variable, de más o menos glamour. Pero nada.

Y así han pasado 2 años. Te derrumbas y te desesperas pensando que esto pueda seguir así mucho más tiempo. Acabaste declinando la manutención discontinua de tu ex; con lo abruptamente que salió de vuestras vidas, es mejor que esté fuera para todo. Has tenido que pedir ayuda a tu madre, que está deseosa de ser útil y que puede permitírselo, pero eso no es lo que tú quieres.

Como tampoco querrías que tu chico, ese novio flamante que has conocido hace poco, se haga cargo. Tú eres de la generación de los hombres que no cocinan por ti, lo que hacen es retirarte... aunque eso no sea lo que tú quieres. Te aterra meter la pata como la última vez, con ese compañero de la facultad con el que saliste unos meses.

Te ofreció ayuda temporalmente y la aceptaste, con muchas dudas, por pura necesidad. Pero no funcionó. Sentías que habías vuelto atrás, que habías perdido lo que tanto te costó tener. Había en ti un desequilibrio al que llegaste por seguir tu pasión, pero arriesgándote a ser dependiente... otra vez. Fuiste consciente de tomar esa decisión con él, pero ¿quisiste hacerte dependiente conscientemente? Te sentías más viva que nunca por conectar con el deseo, pero seguías necesitando demostrar tu independencia... porque no confiabas del todo en ella. Que te sostenga tu familia de origen o una pareja está fenomenal, siempre y cuando sea una elección libre y consciente. Otra cosa bien diferente es que eso sea una huida de volver a intentarlo por tu cuenta, o un burdo remedio al hecho de que tú no te puedas mantener sola.

Porque tú eres una carga. Una muy mona e inteligente, puede ser, pero que pesa como todo el oro que no alcanzas. Todos te dicen que sigas buscando, o que sigas creando. Todos te miran con pasmo, porque les parece imposible que esto te pase a ti.

Y tú sólo puedes sonreírles y asentir, tratando de que no se den cuenta de tu síndrome del impostor. De que no vean tu gran vacío interior, tu desconsuelo, tus altibajos, tu desvalorización cada vez que te cierran otra puerta en las narices. Tu desolación cada mañana, tus pensamientos rumiantes cada noche.

Y, sobre todo, que no se fijen en tu culpa. Por ser una mantenida, por necesitar ayuda en plena madurez, por no ser capaz de mantenerte a ti misma. Será por la invalidez que tú misma sientes al ofrecer tu trabajo. Como las joyas no movían muchos ingresos, te has liado también con formaciones online gratuitas, que te dan mucha visibilidad en internet. Pero si no es remunerado, no es válido, no para ti.

Te calma la voz de tu amiga Amparo, al otro lado del guasap. La conociste en un curso de la última empresa y conectasteis como si fuera una relación de 30 años. Ella te anima y te respalda, te quiere echar una mano también con unos euros extras que ha recibido por una herencia. Pero tú no puedes permitirlo con toda esa culpa. No puedes aceptarlo de ella precisamente, que está en la cuerda floja, que tiene más hijos, que no gana tanto, que podría necesitar ese dinerillo antes de que tú puedas devolvérselo.

El dinero te llega por varios sitios, el universo se las arregla para confabular a tu favor... pero tú lo que quieres es tu propio autosostén. Da igual si todos quieren regalártelo. Si te ofrecen compartir su abundancia. Si les sobra prosperidad para dar y tomar. El freno no está en ellos, sino en tu incapacidad para recoger. En tu creencia de que no lo mereces. Porque no eres digna de su generosidad. Porque no eres apta para ser amada.

Capítulo 30

CULPA POR NO DAR SUFICIENTE... O DAR DE MÁS

Parece una contradicción, ¿verdad? Pues tengo las dos, ahí es *ná*. Y un cabreo monumental por no poder salir del bucle. Porque la una lleva a la otra, la mayor parte de las veces. ¿O es que tú no tienes un tiempo limitado?

Culpa por no haber atendido mejor a Carmina, que se me fue sin poderle demostrar de verdad lo importantísima que era. Culpa por no ver más a mis sobrinos, que están creciendo sin que apenas me entere. Culpa por no ser mejor compañera de viaje para David, por mi montaña rusa emocional, por no tener mayor estabilidad profesional, por no aportar más a la economía común, por no llegar a tiempo la mitad de las veces que me espera, por sacarle de quicio con mis propios desquicies. Culpa por no poder apoyar mejor a esos amigos que me ven una gurú, culpa por haberles dado la impresión de que lo soy. Culpa por no saber ser la hija que mis padres soñaron, la hermana que se esperaría. Culpa por no llevar a tu compañera a casa, a pesar de que estás derrengada y necesitas rascarle esos 40 minutos al sueño. Culpa por no llegar a todo como vecina, como empresaria, como asociada, como sanadora, como paciente.

Pero a la vez, y directamente causándolo, culpa por ocupar mi tiempo o mi energía en temas que casi nunca me aportan tanto como lo que yo les dedico. Cosas que, al final del día, me han tenido como pollo sin cabeza, pero que me dan la horrible sensación de no haber hecho ni el huevo. Culpa por las horas en redes sociales, culpa por el absurdo hueco que tratan de llenar. Culpa por la adicción a los vídeos tontos, por el enganche a los guasap pidiéndome salvación, por el guardado compulsivo para ver otro día, por la saturación de todo y de todos que se me acaba atragantando, por tratar de tragar demasiado. Culpa por comprometerme con demasiadas iniciativas solidarias, demasiados proyectos locales, demasiada gente taker a mi alrededor. Culpa por ser demasiado giver, sin que a veces ni siquiera me lo pidan.

Y así pasan las semanas, y de pronto una mañana no me quiero levantar y me sorprendo. Y después me asusto, porque cuanta más consciencia le pongo, menos me apetece. Y porque me doy cuenta de que no amanezco con las motivaciones adecuadas.

¿O acaso no te pasa a ti? ¿Acaso creías que, por ser coach, tendría siempre un *para qué*? O que, por saber bastante sobre emociones, sabría siempre gestionar las mías. Que, por contar con tantas certificaciones, tendría clarísimo lo que quiero ser de mayor. Que, por ayudar a otros a manejar su destino, no perdería nunca mi propio rumbo. Que, por trabajar con CEOs, sería siempre la perfecta capitana de mi vida. ¿Creías en serio que soy invencible, que puedo con todo, que nada me perturba? Pues siento mucho decepcionarte. Y perdona si siento también culpa por esto. Porque habría querido un libro muy luminoso, lleno de frases deliciosas, consejos inspiradores y vivencias elevadísimas. Pero resulta que soy mortal y que tengo días de mierda. Más o menos como tú, o puede que más. Bienvenido a mi realidad.

No quiero deprimirte, no pretendo hundirte la moral. Sólo comparto mis miserias, para que veas de qué pasta estoy hecha. Para que sepas que no soy mejor que tú, no necesariamente más lista, o más evolucionada, o más capaz. Para que puedas levantarte si te has tropezado, aunque sólo sea porque te estoy mostrando la de veces que lo he hecho yo. Para que no permitas que nada, nadie, nunca, te engañe con falsas promesas, con fórmulas mágicas, con métodos rápidos, con pastillas azules de Matrix.

Porque la vida duele, a veces. Porque la consciencia escuece, casi siempre. Pero después te curas, y compruebas que te has convertido en mejor persona, aunque luzcas varias cicatrices.

Me atrevo a escribir todo esto para que nadie te haga sentir pequeño. Para que creas en ti, para que veas tu luz, para que brilles con ella. Da igual si eres intenso como un láser, intermitente como un faro, imprevisible como un volcán, alegre como los farolillos de la feria, o fugaz como una cerilla. Eres luz. Eres vida. Y mereces disfrutarla cada minuto.

Así que deja lo que estás haciendo, sí, también este libro. Respira hondo, mírate al espejo, busca tu lado mejor, ponte algo mono y sal a la calle. Observa todo lo bueno que hay en tu mundo. Y si no puedes salir, cierra los ojos y recuerda lo mejor que has hecho en tu vida, la última persona que te sonrió, el sabor de tu helado favorito. Y ahora, agradece. Por haber llegado hasta aquí, con días de mierda incluidos. Eres suficiente. Eres digno. Eres perfecto, así. Incluso si no das más de lo que eres.

Sobre todo en ese caso. Recuérdalo.

Bendita Culpa

Capítulo 31

INSTRUCCIONES PARA LA SIESTA PERFECTA

VERSIÓN DISFRUTONES PRO:

Túmbate, ponte cómodo, cierra los ojos. Descansa y disfrútalo.

PARA EL RESTO DE LA HUMANIDAD:

Se me ocurren pocos placeres equiparables a una buena siesta, pero en esto hay un montón de opiniones y, para gustos... los cojines de colores.

Hay gente que no puede vivir sin ese pequeño reposo tras la comida, que sabe a gloria, más aún cuanto más copiosa haya sido. Y creedme que en este grupo no hay sólo españoles, nos parece que sí por nuestra fama de poco productivos y porque el nombre es una de esas palabras que hemos exportado por ahí. Pero los británicos le llaman algo tan ejecutivo como *nap* y los italianos algo tan infantil como *pisolino*. La cosa es que, seas de donde seas, si vives en un sitio de mucho calor, y/o comes un 1º y un 2º, tu organismo te va a pedir a gritos que pares un ratito y te desnuques.

Luego hay otros que la detestan, porque dicen que se despiertan muy desorientados. A ellos les diré que tienen razón, que sé de lo que hablan porque así pensaba yo, pero que hoy he venido a retarles con una idea disruptiva: igual lo están haciendo mal. Luego voy.

Y aparte, hay un grupo enorme, cada vez más numeroso, que no quieren saber nada de la siesta porque eso no va con ellos, porque eso es algo para gente sin oficio ni beneficio, o al menos no tan ocupadísima como ellos. Hay incluso quienes creen que eso es cosa de vagos, o maleantes, o directamente vagabundos, que las personas de bien no tenemos tiempo para perderlo dormitando. No, no estoy exagerando, son todas expresiones que he oído.

Por último, hay un grupo pequeño, pero muy necesitado, que sí aceptaría dormir un poco, pero a quien su cuerpo le pone pegas. Están estresados y no pueden bajar el ritmo, porque su sistema nervioso se encuentra tan sobrestimulado, que no sabe que en realidad no hay peligro y que podrá relajarse. O simplemente, aquellos que querrían relajarse unos minutos, pero tienen que pelearse con sus creencias, tremendamente arraigadas, de que ese pequeño lujo no está bien. Conozco incluso a una señora, buena gente y sensata como pocos, que dice que a ella el biorritmo sí le pide echar un sueñecillo pero que, aunque está sola en casa, hace todo lo que haga falta para impedirlo.

Pues tengo buenas noticias: lo tuyo tiene solución. Seas del grupo que seas, te aseguro que puedes convertirte en el próximo durmiente feliz. En algunos de los casos, vas a necesitar un poco de ayuda con tu anhedonia; si te has reconocido, por favor llama a un buen terapeuta, que ese no es mi cometido. Pero si ya has llegado al punto de aceptar sentir placer, este es tu sitio.

Y tú me podrías preguntar que para qué hacen falta instrucciones de la siesta, si es una tendencia natural del cuerpo, pero la necesidad es muy sutil: si eres disfrutón, para mejorar ciertos matices; si todavía no lo eres: créeme, este capítulo te va a venir de lujo.

Para que te sitúes, yo soy una de esas que ha crecido con restricciones: cuando era pequeña, en mi casa la siesta no se estilaba, al menos para las féminas. Y, desde que me hice adulta, yo misma me he encargado de ser productiva (o intentarlo) el mayor número de horas al día. Así que he tenido que aprender a relajarme con los años, peleándome conmigo misma la mayoría de las veces. De modo que, para este capítulo, he acudido al Maestro Disfrutón, que me asesora en estas lides.

Ah, una cosita, por si alguien no lo tiene claro (o no ha leído el capítulo del pedestal): David no es perfecto, ni lo tiene todo resuelto, ni es un buda iluminado. Que una cosa es que yo esté loca por mi hombre (y que de serie viniera muy avanzado él), y otra cosa bien distinta es que yo sea una ingenua, que le tiene endiosado con los ojos cerrados. Lo digo, sobre todo, por aquellos que me habéis tirado tomates cuando hablaba de él, en el anterior libro. Que no se me alteren, oiga...

Tampoco tengo que decirte que, obviamente no hablamos de ningún vago, que él es currante como pocos. Y, como ha sido mi jefe esporádico, puedo dar fe de su efectividad... ¿será porque se encuentra más fresco que el resto?

No siempre vas a poder echarte una siesta cuando la necesites. Y por supuesto, no pretendemos sentar cátedra, sólo optimizar tu eficiencia en algo tan ninguneado y criticado. Con el mínimo tiempo indispensable para dormirse, sin llegar a caer en coma, y siguiendo unas sencillas pautas para tu máxima satisfacción.

Y ahora escucha, querido padawan, los consejos de tu jedi. Con el tiempo y la práctica, encontrarás tus parámetros exactos, pero mientras empieza por aquí:

1. Deja el móvil, sobre todo si te cuesta relajarte tanto como a mí: la luz de la pantalla sobre tu pineal no ayuda, ni tampoco las notificaciones, ni el enganche a los *reels*, o los *watch*, o cualquier cosa que te atrape en redes. Y, si no quieres apagarlo, o ponerlo en modo avión, por lo menos en silencio, o en modo no molestar, que no te sobresalte esa llamada inoportuna.

2. El tiempo ideal es media hora, si tienes mucha prisa al menos permítete 20 minutos, es lo que vas a tardar en "tocar casa", o lo que tu abuelo llamaría dar una cabezadita. Olvídate de las siestas de tres horas, esas sí que desorientan al más pintado. ¿Sabes por qué? Porque el cabo de hora y media, más o menos, entras en sueño profundo, o con suerte en fase REM, y de ahí es mucho más difícil volver de golpe.

3. Túmbate en un sofá o en un sillón. Nada de la cama, eso de las 'siestas de pijama y orinal' está muy bien si tienes 90 años, o si te has levantado con resacón en Las Vegas. Para el resto de los mortales, posición cómoda pero no definitiva para unos dulces sueños. Eso si puede ser, que tampoco vamos a desperdiciar un sueñecito apoyados en la ventanilla del bus, o sobre la bandeja del avión.

4. **Encuentra tu temperatura.** Lo de la mantita en la tripa no es ningún mito, eso lo sabes, ¿no? Durante la digestión, casi toda la sangre del cuerpo se deriva al estómago y, si te quedas frío, la sangre de vuelta a tus miembros podría cortar el proceso. Además, no me digas que ese tacto gustoso no es de lo más apetecible. ¿Que te gusta taparte hasta los pies? Claro, no te cortes, que estás en tu casa (o no, que cada vez hay más *nap boxes* en las oficinas). ¿Que a ti te gustan los piececillos al aire? Sí, hombre, sí, que este es un país libre.

5. **Prepara el sonido de antemano.** Hay personas que prefieren un silencio total y otras un ruidito de fondo. Pero esto no es algo que debieras dejar al azar, que sea corta no implica que improvisemos.

   Si estás en casa, o en un entorno controlado, lo mejor es un documental, a ser posible que no te encante, o que ya hayas visto. Si puedes elegir, que la voz del locutor sea grave y lenta, idealmente en un idioma que no entiendas, para evitar la tentación de engancharte.

   Si estás fuera, es fundamental que uses unos cascos. Si no tienes unos, ya te los estás pidiendo para Reyes. Y si te has portado muy bien, diles que te los traigan con reducción de ruido. Parece una nimiedad, pero lo apreciarás cuando estés en un chiringuito y tus súper auriculares te filtren al niño berreando de las tumbonas vecinas, pero sin embargo permitan pasar el rumor sedante de las olas. Maravillas de la IA. Y sí, está bien, es una inversión imprescindible si después vas a teletrabajar.

6. **Adecúa el nivel de luz.** No queremos fogonazos repentinos porque alguien ha entrado en esa habitación oscura como una cueva, ni sustos con destellos estridentes porque has elegido una cadena con anuncios. Ni tampoco fogonazos de sol en la cara cuando un rayo se sale de la sombrilla, ponte las gafas un poco ladeadas: así no se te clavan, pero sí te dan sombra.

7. **Elige lo que viene justo después.** Si tienes que volver al tajo, te recomiendo un cafetillo justo antes de echarte, porque esos 30 minutos son precisamente el tiempo que la cafeína tardará en hacerte efecto. Si no, también podrías tomarte una Coca Cola después, cuando te despiertes. Ya sé que no son las sustancias más saludables, pero tú te has pedido trabajar, yo no tengo la culpa. Por el contrario, si eres el afortunado del chiringo, quizá quieras llevarte un botellín de agua, así

no tendrás que moverte al despertar y te lo encontrarás con el frescor exacto, que se ha ido templando mientras tú descansabas.

8. Y ahora, sólo duerme. No medites, no pienses, no rumies. Suelta todo y entrégate.

9. ZZZ…

10. Vuelve al mundo despacio. Ya sé que tienes cosas que hacer, pero pueden esperar 30 segundos más. Estírate y agradece el momentazo. Y ahora ya puedes seguir con tu vida, pero mucho más feliz.

Bendita Culpa

Capítulo 32

CULPA POR NO SABER NUTRIRME

Esta es una culpa compleja. No porque sea más grave que las demás, sino porque tiene muchas capas, como las cebollas... o como las que yo querría quitarme de encima. Porque podría haber llamado a este capítulo "culpa por esos kilos de más", o "culpa por engordar", o directamente "culpa por estar gorda". Pero la capa más profunda de todas las que he ido descubriendo tiene que ver con mi propio cuidado, así que prefiero destrozarte la peli, hacerte un spoiler y empezar a desbrozar por ahí.

A mi cuerpo le sobran 23 kg ahora mismo. De nuevo diría "a mí me sobran..." o quizás "peso de más...", pero estoy aprendiendo a desidentificarme de este asunto, así que lo expresaré así. Y, antes de que me empieces a llevar la contraria o a poner pegas (el 99% de los que me conocen suelen responder por ahí), te diré que no estoy exagerando. Que no hablo de volver al peso de cuando era adolescente, no soy tan absurda. Y que tampoco lo digo comparándome con nadie, quizá te habrás escandalizado porque para ti eso es una barbaridad. Pero yo mido 1,80 y esos kilos en mi cuerpo se reparten más o menos disimuladamente, por eso no sirve de nada que trates de imaginarte el equivalente en ti.

Podríamos también entrar a valorar si esa cantidad es exacta o aproximada, pero te diré que el 23 es una cifra muy particular. No digo yo mágica, pero sí que abre muchas puertas, seguro. 23 eran los años que me sacaba un novio que tuve, precisamente la primera vez que tuve un estallido en mi peso. Y 23 años tenía yo el año en que sucedieron cosas muy graves en mi vida, otro día hablamos de eso. Lo que me llama la atención es que, más allá de biodescodificar[11] la razón exacta, lo que está claro es que algo me quiere decir mi cuerpo. Porque han sido dos veces con esta subida tan llamativa, ambas después de giros importantes en mi historia. Échale la culpa al dejar de fumar, a haberme hecho autónoma, a

---

[11] Web del Dr. Christian Beyer, Psiconeurodontología

las hormonas, al efecto rebote de las dietas, a los patrones familiares, al desborde emocional de una altamente sensible, a los cambios de casa y de rutinas, a las lealtades inconscientes a mis ancestros... o al *empedrao*. Échale la culpa a una causa o a todas, pero el caso es que sea cual fuere, la culpa me la como yo.

Y nunca mejor dicho, porque parece que esto va de comer. Pero no, o no sólo. No todo son matemáticas de calorías, ni cálculos empíricos. Como comprenderás, he probado de todo, incluyendo varios tipos de regímenes. Que si endocrinos, que si Weight Watchers, que si Herbalife, que si ayuno intermitente, que si vegano, que si paleo, que si macrobiótico, que si keto, a cuál más raro. De vez en cuando también me hacía un détox primaveral y a veces un kitchari con el cambio de estación. Y no estoy demonizando ninguna de estas opciones, sólo digo que a mí, al final, todas me han salido rana. Pueden funcionar en el corto plazo, pero mi cuerpo vuelve al punto de partida. Incluso han llegado a ser efectivas en el largo plazo, como aquellos nueve meses de acupuntura, que me dieron un resultado maravilloso... aunque tras pocas semanas de dejarla, mi cuerpo volvió a mostrar sus señales de alarma. Aunque no fue la primera: cuando tenía tres años dejé de comer, si no es por mi madre me muero (¡gracias por insistir, mamá!)

Por si acaso me vas a sugerir algún método diferente a la alimentación, te aviso que también he hecho de todo. Gracias por tu empatía, me consta que somos legión las mujeres preocupadas y/o amargadas por este tema, y cada vez más hombres... y cada vez más niños y niñas. Tremenda contradicción que esta sea una lacra del primer mundo, mientras en otros mundos aún no somos capaces de gestionar las hambrunas. Y eso ha sido parte de las conversaciones tan enriquecedoras que tenía con el crack de mi acupuntor[12], pero también con la nutricionista, la experta en ayurveda, la especialista en transgeneracional, el hipnoterapeuta, los dos médicos de la Quantum Scio, los cuatro consteladores, el coach de imagen, el facilitador de rebirthing, las tres chefs de los cursos de cocina, las 37 ponentes del Congreso Mujer Libre de Dietas y todos mis profesores de yoga, pilates, GAP, zumba, aerobic, ciclo indoor, danza y qigong.

---

[12] Web del Dr. Juan Antonio Vecino Ferrer, Neuroacupuntura

Pensarás que estoy loca. Pues igual.

Pero a cambio, te advierto: ni te imaginas todo lo que he aprendido. Está claro que parte de esta retahíla responde a mi curiosidad innata por conocer todos los enfoques, por probar todos los ángulos. Pero, al menos al principio, con cada disciplina trataba de resolver un sufrimiento interior, más o menos evidente según han ido pasando los años. Y además, retos de varios tipos: el de la salud, el de la imagen, el de la autoestima, el de las repercusiones profesionales, el de las limitaciones en algunas actividades, el del cansancio y la hartura y la obsesión.

Mi cuerpo se ha convertido en mi gran maestro, podría contarte tantos descubrimientos que daría para un libro entero. Y, según me iba conociendo yo mejor y tratando de descifrarle a él, he comprendido lo más importante: que no existe **un método**. Que cada persona es un universo entero, que yo soy sólo yo. Y que mis *benditos 23 kilos* me están queriendo comunicar algo.

Y seguro que ese mensaje empieza por algo así como "Pon esto en perspectiva". Y seguro que el aprendizaje más importante es el agradecimiento, porque al final mi organismo me está mostrando un sinfín de matices sólo mediante un grado 1 de obesidad, sin llegar a una enfermedad grave. Así que: gracias, cuerpecito.

Pero, sobre todo, seguro que lo que este síntoma quiere hacerme ver es que no lo estaba enfocando bien. Porque, hasta ahora, había tratado de *arreglar el problema*. Y casi siempre, desde la carencia: comer menos, hacer más deporte, sacrificarme, esforzarme, estresarme más y más. Hasta que me he dado cuenta de que *el problema* está debajo. Debajo de todas esas capas, de cebolla y de ropa para ocultar algunos michelines. Debajo de un montón de dolor agazapado, que he estado tratando de no mirar durante demasiado tiempo ya, hasta que me ha explotado ~~en la cara~~ en el cuerpo.

Por eso he cambiado de estrategia. Mi último ahá increíble llegó de la mano de Rut Muñoz y su deslumbrante Medicina Tradicional China. Y siguiendo sus sabias recomendaciones, he puesto a mi niña rota en manos de la gestalt, para encontrar la herida que me desangra por dentro, quitarle los 23 kilos de tiritas que le he estado pegando tantos años y coserle unos buenos puntos de sutura. Y después me he venido a vivir al mar, para que la herida cicatrice con el yodo y la sal marina y después se seque al sol andaluz.

He llegado hasta aquí y todavía no sé cuánto más lejos me llevará. Por eso enumero aquí mis culpas, mientras aprendo a escucharme, a parar de exigirme, a cuidarme, a respetarme, a priorizarme. Porque aunque ya ves cuántas veces te he dicho hoy que soy aprendiza, soy lo primero para mí y estoy consiguiendo dejar de sentir culpa por eso.

Capítulo 33

CULPA POR HABLAR DE MÁS

Soy una mujer muy locuaz. A veces eso es útil, como cuando uso mi *piquito de oro* para vender. Pero otras, puedo resultar un poco demasiado conversadora. Y mira que me gusta escuchar, tanto como para haber hecho de ello una profesión. Lo que pasa es que en ocasiones me emociono con un tema y es como si no pudiera parar el entusiasmo, como si abriese el grifo de la pasión y no pudiese poner freno al torrente. En esos casos, en cuanto me doy cuenta (no siempre lo consigo), trato de encauzar el diálogo, ceder la palabra, o respirar hondo para calmar mi verborrea, que en el fondo responde a una necesidad inconsciente de fusión con los otros, a través de una intensidad que sin querer pretendo contagiar.

Sin embargo, y pese a lo que pudiera parecer, estos ejemplos no son los que más culpa me dan. Peores aún que los "he hablado demasiado" son los "he hablado de más". ¿No te ha pasado nunca? Esas veces en las que dices algo y te quedas sumido en una especie de inseguridad por lo dicho, de miedo al qué dirán, de duda de si te aceptaran por haber hecho esa secreta confesión sobre ti mismo. Puede ser algo banal, como un comentario político que te delata. O algo bien serio, como mencionar un trauma que quizá ya tengas superado. Pero tú notas que el impacto de tus palabras provoca un silencio incómodo, que habla mucho más alto que tu voz, como si tu interlocutor quisiera confesar a su vez, pero no se atreviera. Como si quisiera consolarte, pero no decidiese el modo. Como si quisiera replicarte, pero no encontrase la suficiente lucidez. Y después de unos minutos de vacío, se vira el tema, o simplemente tú sonríes y haces una broma, para quitarle hierro al asunto y que todos dejen de tragar saliva y volvamos a ser una mesa de contertulios disfrutando de la boda de Fulanita.

También puede tratarse de otro escenario. Uno en el que no hay público, no hay revelaciones íntimas, no hay sorpresas ni tampoco material sospechoso de ser inmanejable. Un momento en el que, sencillamente, tienes delante a esa persona a la que de pronto necesitas expresarle algo importante. Puede ser un detalle del pasado, una noticia leve del presente, o un sentimiento sin más. Y tú le miras a los ojos y le sueltas un "¿Sabes qué? Que siempre me gustó jugar contigo al mus". Ya está, sólo era eso, una discreta frase para ti, que no obstante desata en la otra persona un vendaval de recuerdos, sensaciones, o sentimientos desbordados. Lo ves venir en sus ojos, mientras balbucea palabras inconexas, refugio de todo lo que en realidad no es capaz de articular. Sabes que querría decirte que a ella también le gustó, pero asistes a un deshilachado discurso sobre las pellas en la Autónoma y la pena que dio que prohibieran la Fiesta de la Primavera.

Así somos los humanos. Un complejo mecanismo lleno de resortes impredecibles, que se activan en función de miles de parámetros externos, pero que se alimentan de miles de fuentes internas. Fuentes de paz, de sabiduría, de superación, pero también de conflicto, incertidumbre y precauciones. Ríos de pensamientos y emociones que nos inundan por dentro y colapsan las compuertas, hasta que alguna pequeña grieta en la presa hace estallar todo el embalse y anegar la habitación.

Y yo estoy acostumbrada, vivo en modo Nilo desde que recuerdo. Pero la mayoría de las personas que me cruzo se asustan con estos espectáculos acuáticos. Porque no saben qué hacer con tanta potencia emocional, no quieren *mojarse*. Prefieren proyectarlo en otros, sentándose en el sofá a ver "First Dates" y hablando desde fuera, sobre unos desconocidos que, sin saberlo, están dando un canal de comunicación a todo lo no dicho.

Por eso cada vez estoy más atenta. A elegir bien la ocasión, el momento, la persona. Que no se me ahogue nadie, que yo sé nadar lo justo como para salvarme a mí misma.

Pero si alguna vez me despisto y te abro una escotilla que no toca, te pido un favor: dímelo. Dime que no es que esté hablando yo de más, sino que tú preferirías hablar de menos. Porque no quiero importunarte, pero tampoco quiero sentirme más culpable. Estoy aprendiendo a respetarme a mí también, no sólo a respetar los tiempos, los silencios, los secretos. Necesito sentirme segura enfrente tuyo, que te sientas libre de contarme lo inconfesable, y que te sientas libre a la vez de callar lo más insignificante.

Sólo desde esa libertad, tú podrás abrir y cerrar compuertas a voluntad. Y yo podré, al fin, fusionar mi río en el mar.

Bendita Culpa

Capítulo 34

CULPA POR ABANDONAR A TU MARIDO (¿O TRAICIONARLE?)

Te llamas Silvia y tienes 34 años. Solías ser un bomboncito, o eso decía tu marido y también todos sus amigos. Pero han pasado 10 años y ya ninguno de ellos te lo dice, aunque tú sigues siendo bastante cañón, te has mantenido en tu peso de soltera, te cuidas muchísimo, vas siempre divina de la muerte y has cultivado además todo un mundo interior que no tenías de veinteañera.

Aunque todo eso da igual. Tu marido sólo mira a las que tienen tu edad de entonces, como si fuera un viejo verde prematuro de 37. No importa que te hagas tratamientos rejuvenecedores, ni que seas creativa con el sexo, ni que cocines de lujo, ni que siempre le priorices, ni que respetes su espacio. Ni tampoco importa que le sigas queriendo.

La cosa parece simple, según tus amigas. Ellas insisten en que no te quiere, te fuerzan a que le dejes, te regañan cada vez que te culpas por no gustarle lo suficiente. Ellas no entienden todo lo que ha hecho por ti todos estos años, empezando por dejar a su mujer para estar contigo. Ellas tampoco entienden que fijarse en otras no sea tan grave; lo de mirar a otras hembras, como él dice, no tiene por qué ser una señal de alarma, es sólo que los cántabros son muy hombres. Además, tú realmente no sabes si él te engaña o no. Y si no te ha sido infiel, cómo vas a dejarle, no sería justo. Al fin y al cabo, te trata bastante bien, te trae flores y todo, te llama 'princesita'. Es verdad que ya no tenéis ninguna intimidad, pero él te sigue dando un beso en la mejilla por la mañana y por la noche. Sería más fácil tomar decisiones si hiciera algo realmente grave, como una infidelidad, o un maltrato, o si por lo menos te hiciera saber que ya no está enamorado de ti.

Pero eso es imposible, tú te habrías dado cuenta. Lo has pensado alguna vez, pero no, no puede ser. Te vino a la cabeza esa idea peregrina cuando dejó de acercarse a ti en la cama. Y luego otra vez cuando te diste cuenta de que ya no te tocaba tampoco fuera de la cama. Total, eso les pasa a todas las parejas tarde o temprano, lo sabe todo el mundo. Se te pasó por la mente al cabo del tiempo, cuando dejó de invitarte a sus eventos de trabajo y a los domingos de pádel. Una pena, porque las novias de sus compañeros te caían genial y su jefe también. Pero claro, no quieres invadir su burbuja, él tampoco viene nunca a nada tuyo. Ah, sí, pensaste otra vez que no te quería cuando te dijo que se había pensado mejor *lo de los críos* y que igual era mejor postponerlo. Te preocupa un poco hacerte mayor para ser madre, pero tampoco quieres forzarlo, porque sabes que eso no funcionaría.

Así que te resignas. A no ir con él a los sitios, a no tener sexo, a sentirte molesta en las fiestas, a soportar alguna mirada lasciva a una chica más joven, incluso a alguna de tus sobrinas. Porque él nunca se propasaría, él te quiere a su manera, si no tú lo sabrías. Pero si lo abandonó todo por ti, incluso a sus dos hijos, no le puedes fallar. Alguna vez has tenido tentaciones de coquetear con alguno de esos chicos que se te insinúan a menudo en el avión. Ya se sabe, el morbo de las azafatas, es sólo eso. Él no se merece algo así y tú tampoco podrías soportarlo. Ya sabes cómo es eso de poner los cuernos, se lo hiciste a un novio hace una eternidad y aún no te has podido perdonar por ello.

Y por eso te conformas. Porque tienes tanta culpa de dejarle solo, tanta culpa de lo que hiciste a otros, tanta culpa de ser tú la culpa, que no concibes una vida sin culpa. Una vida en la que no te despiertes llorando y te duermas llorando, porque sientes una laguna tan grande creciendo en tu corazón que ha empezado a encharcar el resto de tu cuerpo. Una vida en la que te sientas viva de nuevo, en la que vuelva a apetecerte bailar, en la que no tengas miedo de quedar a tomar un café con un colega porque puedes provocar celos. Una vida en la que, a la salida del gimnasio, puedas hablar con tus amigas de otra cosa que no sea él, en la que te sientas libre de verlas para algo realmente vibrante. Una vida en la que vibres con él, sin que te haga sentir fea, vieja e insignificante. Una vida, o al menos una sola mañana, en la que sientas que te está escuchando mientras desayunáis. Una sola tarde en que acepte darse una vuelta contigo. Una sola noche en la que no se dé la vuelta y te deje abrazada a tu almohada, esperando a que se duerma para que no te oiga sollozar.

No puedes dejarle porque no te ha hecho nada. Y si te lo ha hecho, que igual puede ser, no le has pillado. No se lo merece, pobre, no es mal tío.

Aunque bien pensado, tú tampoco eres mala tía, de hecho eres buena y estás buena. Un día vas a tener que plantearte qué es lo que mereces tú. Pero otro día, mejor, que aún eres muy joven y tu abuela siempre te dijo que hay que aguantar.

Bendita Culpa

Capítulo 35

DELEITES

Los transportes de 007, los que he probado. Una avioneta cruzando Alaska de Juneau a Gustavus, un helicóptero alrededor del Cristo Redentor do Corcovado en Río de Janeiro, un globo por el Serengueti. El crucero nocturno para ver ballenas del Glaciar Bay National Park, la piragua por la bahía de Tu Long en Vietnam, el Queen Elizabeth rumbo al Caribe Occidental, el estruendo de las cataratas de Iguazú sobre una barcaza. Un boungie jumping en Cancún, bailar sin freno en un garito de Santo Domingo, de esos en los que no dejan entrar guiris.

Por tierra, mar y aire a la vez. Galopar en un caballo en el que confías, si es posible por la orilla del mar. El pelo al viento, conduciendo un descapotable por la Big Island de Hawaï.

El silencio de la meditación, el estiramiento de una buena clase de yoga kundalini. Una buena partida de Catán/Risk/Monopoly/Trivial/Pictionary, las risas de complicidad con tus amigas del colegio, el chocolate deshaciéndose en el paladar. El gustito de tirar del embozo de la sábana cuando hace frío al amanecer, darle snooze al despertador, desperezar todo el cuerpo cuando abres los ojos.

No me pongas excusas, las mejores cosas de la vida son gratis. Lo demás son pamplinas nuestras. Si estás leyendo este libro, casi seguro no eres un indigente, por lo que asumiré que vives en una casa y al menos tienes pasta para hacerte un bocata de calamares. El europeo medio puede comer, bailar, pasear, nadar, charlar con colegas, ver una peliculita en modo #sofáycalcetines, invitar a un amigo a casa, reír a mandíbula batiente, hacer el amor… Es más, todo eso ya lo practican (con mucha más frecuencia) en los países menos afortunados que nosotros, donde están mucho peor que tú (no me mientas).

Yo misma he visto niños chapoteando en el agua mugrienta del lago Tonle Sap. Y Camboya es uno de los países más pobres del sudeste asiático, pero esos críos saltaban y gritaban de alegría como pocas veces he visto a los niños de La Moraleja. Tampoco olvidaré nunca a una anciana de unos 200 años, encargada de los baños de un local costroso de La Habana, hablándome a carcajadas mientras sacaba de su cajita oxidada la pastilla de jabón gastada destinada a los clientes: "*M'hijta, p'amargarse yastá la viiiida, si uno viene con candangas a trabajar y contagia al compañero, pa'eso quédate en casa, miamolll*".

Así que abraza a un bebé, juega con un perro, monta en bici, sal a correr, echa un partido de fútbol o una partida de cartas/dominó/parchís, enciende un fuego, date un baño con velas, mete los pies en agua con sal, pon la música a tope, canta a pleno pulmón en la ducha o en el coche, cocina una tortilla de patatas... ¿No tienes ninguna de esas posibilidades? ¡Invéntate la tuya, hombre ya!

Capítulo 36

CULPA POR TENER MÁS QUE OTROS

Te llamas Ignacio y eres un empresario de éxito. Me habías contratado para un proceso de coaching ejecutivo, pero a la segunda sesión ya nos dimos cuenta de que haría falta primero un enfoque más personal, antes de que pudiéramos sentarnos a hablar de tu compañía.

Cuando me llamaste para "hablar de negocios" (esa expresión que tanto te gusta), insististe mucho en que conocías a otros profesionales más baratos, pero acudías a mí porque confiabas en los pasos que yo había dado. Dijiste que, habiendo sido tantos años comercial, yo entendería mejor que otros tu enfoque directivo, tu presión ante el Consejo de Administración, tus desvelos por llegar a los objetivos anuales y tu sinvivir por cumplir cada trimestre con tu *score card*. Así podías ahorrarte explicar toda esa parte financiera y de ventas que muchos de mis colegas no suelen considerar.

A los pocos días, nos reunimos para una primera sesión exploratoria y, después de hacerte varias *preguntas poderosas*, de esas de pararse un rato a pensar, fuiste tú quien me preguntó a mí. "¿Tú nunca te has sentido culpable por tener más que los demás?" Tuve que sonreír, asentir, y recordarte que no estábamos allí para hablar de mí sino de ti, pero ese fue el principio de tu verdadero proceso.

Esa tarde te reíste, divertido por tu propia intuición. "Ya sabía yo que por algo tenía que elegirte a ti. Se me había olvidado que eres una hija de papá, como yo". Esa frase tuya tocó entonces muchos puntos oscuros de mi castillo, puertas de habitaciones que he tardado años en abrir, por eso siempre digo que los clientes que llegáis a mí sois los adecuados en cada momento, los que me vais a enseñar justo lo que necesito. Pero tú no te quedaste ahí. Seguiste abriéndome tus propias puertas, la de la culpabilidad por haber heredado una correduría de seguros, una agencia de publicidad y una fortuna. La de la vergüenza por no cumplir las expectativas de tu estirpe, la de tu familia desestructurada, la de tu dolor escondido debajo de tantas capas de reputación y prestigio.

Pasaron varias semanas antes de que pudieses abrir tu puerta más secreta, la de tu corazón herido, para contarme tu historia más descarnada.

La de los apaleamientos brutales de tu padre, celoso de ti nada menos que por tu madre. Él nunca lo reconoció, lo achacaba todo a la tensión con sus socios, no habría entendido que los recelos que sentía hacia su propio hijo eran fruto de su posesividad hacia ella, las fidelidades sistémicas van más allá de la razón. Tu madre nunca pudo tener a su padre cerca. Como la energía masculina que a todos nos debería llegar de río arriba es imprescindible, cogió la siguiente que estaba disponible: la de su marido. Después naciste tú y su inconsciente tomó como esposo el arquetipo que sentía amoroso allá río abajo: tú. El esposo real nunca interpretó nada de esto, él sólo supo vengarse de la falta que sentía, pegándote a ti. Ni siquiera la artífice, tu madre, es consciente... pero el alma lo sabe. Los mandatos automáticos no se activaron mientras eras pequeño, pero en cuanto el macho alpha detectó feromonas de otro macho, la contienda comenzó a fraguarse en su imaginario.

Me hablaste de tus intentos de evitar llegar a las manos, durante todos los años que sufriste su maltrato psicológico. Las llamadas nocturnas de él, sus visitas sorpresa a deshoras, las conversaciones victimistas de ella, tu escucha sostenida apretando la mandíbula, tus cervicales lesionadas, tu férula de descarga, tu llanto en la oscuridad.

Mientras me ibas relatando, pausado, descubriste sobrecogido que tu cuerpo y tus dolencias eran los testigos más claros de lo que habías estado evitando mirar. Intenté que situaras en tu físico ese dolor y, en esa sesión, me negaste que el dolor siguiera ahí. Te sugerí que en la próxima probásemos otras técnicas y una tarde, por fin, tu alma empezó a expresarse.

No eres capaz de conectar a voluntad. No puedes darle al interruptor on y off. No puedes acceder a ese lugar sombrío y helado donde ha estado habitando ese hombre de 14 años durante otros 40. No consigues mirarle a los ojos, ni tampoco mirar al de 48 que le enfrenta. Sólo puedes ser este otro de 54, que afronta la situación y le pone por fin torniquete a una herida que, lejos de cicatrizar, ha estado desangrándose a chorros.

No has podido mirar y todavía te cuesta la vida, porque es la vida la que se te estuvo yendo a borbotones durante esos cinco años. Angustia durante todas las horas del día, miedo cada vez que despertabas, terror siempre que él llegaba a casa. Porque no sabías lo que te ibas a encontrar, no sabías de qué humor se levantaría, no sabías qué nuevo pifostio se iba a montar esa noche, ni cómo seguir ocultándoselo a tu madre. Y no eras consciente, pero aún hoy sigues sintiendo ese pánico. A ver cuál es el drama hoy, a ver a quién le toca la bronca, o el ninguneo, o los insultos, o las faltas de respeto.

"Como las mujeres maltratadas", me has dicho. Que sienten que es todo culpa suya y que sólo ellas tienen que cambiar. Que ven la parte *am-able* del agresor y empatizan con la agresiva, por eso siguen priorizando la compasión y jamás llegan a odiarle... y por eso no consiguen alejarse... y por eso no ven que haya nada que perdonarle. Porque no se puede perdonar algo que es culpa tuya, algo que has provocado tú, algo que no será para tanto, algo que debe de ser por amor, algo que no puedes decir en alto, algo que a todo el mundo le estará pasando, algo que igual te estás inventando, algo que no cuentas porque total, nadie te creería, algo que no discutes porque total, en el fondo te trata bien de vez en cuando.

Y mientras, tu corazón se autodestruye, tus cimientos se van llenando de moho y cenizas, tus sentimientos se quedan aparcados para no justificarlos, tus necesidades se ven relegadas porque será esto lo que mereces, si es un padre quien lo inflige.

No puedes perdonar aún a tu padre porque no le haces responsable. Has conseguido al fin no cargarte con todas las toneladas de culpa, pero no eres capaz de eximirle a él. Porque, al igual que en la dinámica del barquero, el loco es culpable, pero en su locura no hay responsabilidad que valga. Y a la vez, no puedes odiarle porque no te lo permites, pero no puedes liberarle y liberarte porque sigues encontrando en él partes cuerdas... Y eso te impide darle el pulgar arriba del César. Si perdiera la cabeza completamente entonces sí, pero entonces eres tú quien no se lo perdonaría, por estar pensando estas cosas.

No puedes llorar, no puedes conectar, no puedes sentir. No puedes definir si te puede más la rabia, o la impotencia, o la tristeza, o la pérdida. Sólo sabes que sientes mucho orgullo por aquel niñito desamparado que con 14 se creía muy hombre. Pero que lo fue lo suficiente como para saber protegerse y salir huyendo de allí.

Te elegiste a ti. Has intentado arreglar aquello durante cinco largos años, has intentado salvarte, has intentado quererle, has intentado cambiar tú y "ser bueno", o al menos "ser mejor hijo". Pero no podías seguir, no te quedaba nada, no te quedaba nadie, no te ibas a quedar ni a ti mismo si te quedabas allí. Así que decidiste salvarte, decidiste salir corriendo, decidiste ignorar tus plazos y tus principios, decidiste poner delante tu seguridad, tu bienestar, tu paz mental, tu sosiego del alma. Elegiste priorizarte. Elegiste empezar a sentirte seguro. Elegiste vivir una vida sin sobresaltos, en la que ya no te hace falta beber de más, ni jugar de más, ni drogarte de más.

Me dices que sientes vacío. Como si no hubiera nada, ahí donde debiera estar tu corazón roto. Como si te hubieran extirpado un órgano. Como si te hubieran arrancado la juventud. De cuajo y sin anestesia, sin cauterizar, sin preguntar, sin desinfectar el instrumental ni esterilizar el quirófano, sin barrer esa sala sucia llena de ratas y escombros. Algo se ha estado pudriendo en la humedad del sótano, mientras tú hablabas de la chispa de la vida y los perfumes seductores. Y ese monstruo hecho de basura ha seguido creciendo y comiéndose tus entrañas, arrasando lo que encontraba a su paso, porque 40 años son mucha hambre.

Ese monstruo, al que ni siquiera veías, ahora tiene nombre. Se llama terror y ya no va a ser tu dueño nunca más. Porque tú eliges cuidarte y ser dueño de tu refugio... y de la paz de tu corazón.

Empiezas a atar cabos. Desde fuera del hogar de origen, la vista es mucho más nítida. Ves relación entre sus celos hacia ella y la incomunicación con sus socios. Las operaciones millonarias que se desmantelan de un día para otro, las sociedades cambiantes, los recursos malversados. Las disputas con compañías competidoras, los juicios interminables, las firmas de abogados desfilando durante años, tirando de un extremo y otro de tu genealogía, como buitres con trozos de carroña fresca.

Hasta que, un día, durante una regresión, te das cuenta de que todos los negocios en tu linaje comienzan o acaban con conflictos familiares, que toda vuestra riqueza se ha labrado con tarifas de pesar y amargura. Y desde ese mismo instante, decretas que serás rico sin dolor, porque mereces ganar mucho, honrando el sufrimiento de quienes vinieron antes que tú, pero sin reproducirlo.

Y hoy estamos aquí, en esta última sesión de cierre, después de un camino largo pero gozoso. El coaching pronto se te quedó corto y tú emprendiste una travesía en la que te has enfrentado a todos tus desbordes emocionales para aliviarlos con EFT, has constelado a toda tu tribu[13], has reprogramado tu mente con PNL e hipnosis, e incluso te has prestado a probar mis recomendaciones más normalitas, como el mindfulness y el qigong, e incluso las que en su día te parecieron estrambóticas, como el eneagrama y el fengshui. No sólo has descubierto afinidades entre las tramas de tu clan y el mío, sino que también te has dado cuenta de que eres otro curioso como yo.

Aunque, por encima de todo eso, tu conclusión ha sido acertada: toda esa ruta ha tenido muchas curvas para que pudieras hacer paradas de descanso en cada mirador. Coger la autovía habría sido mucho más rápido, pero a tu alma le faltaba el combustible. Ese valor que has ido recogiendo, paso a paso, para acercarte al mirador más alto de todos, el de tu consciencia.

Y desde ahí, reconocer tu verdad, esa que sólo es tuya. Que no importa el dinero que tengas, ni siquiera importa en primer lugar la actitud que haya detrás. Lo más relevante y que más te ha marcado, después de muchas experiencias y análisis, es el precio que has tenido que pagar, tú o los que

---

[13] Post del blog de BenditoLunes: "Benditos funcionarios"

vinieron antes que tú. El valor no lo da el importe de tu capital, sino la sangre, sudor y lágrimas que os ha costado ganarlo a ti y a los tuyos.

Ese es el peaje que la vida te ha cobrado. Y nadie más que tú conoce el importe, por eso nadie más puede juzgar tu atalaya, ese lugar al que has llegado. Ese destino del que ya nunca, nunca más, volverás a sentirte culpable.

Capítulo 37

CULPA POR GASTAR

Te llamas Jesús y conduces un camión. No de los de transportes, sino de los de obra. Estuviste años en el sector logístico, pero era demasiado sacrificio, tantas noches fuera de casa. Estás loco por tu mujer y por tus niños y quieres darles lo mejor, pero el dinero no lo es todo, tú también quieres verlos crecer. Te criaste con un padre ausente, camionero también, que lo dio todo por vosotros, pero se perdió todas tus grandes ocasiones. Y tú no deseas eso para tus hijos, así que después de unos años te tragaste el orgullo y le pediste a tu vecino entrar en su empresa de construcción. Haces muchas horas extras, pero están bien pagadas. Además, vivir en Alconchel no es tan caro y tú casi no tienes caprichos, sólo las vacaciones en el Algarve. Soléis iros una quincena con dos parejas de amigos, ellos juegan contigo al fútbol cerca de Badajoz, las chicas se llevan fenomenal y los chavales son de edades parecidas a las de los tuyos, así que es una forma ideal de estrenar el verano. Normalmente os vais en cuanto acaban los colegios, así puedes estar de vuelta en agosto, que es cuando vuelven al pueblo los que viven en la capital y aprovechan para hacer alguna reformilla.

Este año ha sido agotador, después de la pandemia a todos les ha dado por arreglar la casa, con tanto encierro hemos acabado hartos de las mismas cuatro paredes y hay que renovar. Por eso has pillado el veraneo con más ganas que nunca y por eso también te fastidia tanto haber tenido ese episodio tan desagradable al segundo día de tomar puerto.

La primera tarde todo fue bien, llegasteis al apartamento con tiempo suficiente para descargar maletas y bajar con los colegas al chiringuito para tomar una cerveza. Las churris se quedaron colocando la casa y esperando a los niños, que bajaron a la piscina nada más llegar, a buscar a sus amigos de todos los años. Por la noche cenasteis en el mismo chiringo e hicisteis planes para el día siguiente, primero la compra y después día en la playa. Tú preguntaste si ibais a agenciaros también unos chismes para el mar, colchonetas, sombrillas y tal. Te dijeron que no era necesario, que había de todo, pero tú insististe. Les recordaste que en enero te habían quitado esas manchas en el cuello. Queratosis actínica, le llamó el Dr. Murillo, que después habló de posibilidad de convertirse en carcinoma basocelular y eso ya te sonó a palabras mayores. El sol no perdona y en tu oficio es difícil esconderse de él, todo el día al aire libre. Pero en mitad de la conversación, el camarero preguntó por los postres y cambiasteis de tema para pedir unos chupitos.

Así que amanecéis al día siguiente con un poco de resaca, pero contentos. Llegáis a la playa casi a mediodía, después de todas las compras. Buscáis un hueco en una zona no muy llena, sois 6 adultos y 5 criaturas y esas son muchas toallas. Te pones hasta arriba de tu espesa loción factor SPF 100+ AK, ayudas a abrir las sillas, extiendes las esterillas, os repartís para echar crema a los más pequeños, os desgañitáis con los más grandes para que se la echen ellos solos. Cuando acabas, coges una de las sombrillas y la clavas pegada a tu toalla. Con este ángulo de sol, realmente necesitarías dos para que te cubrieran el cuerpo entero, pero no quieres abusar porque sois muchos. Te tumbas plácidamente y, justo cuando empiezas a mirar las olas y relajarte, una de tus amigas te pregunta:

— Perdona, Jesús, ¿te vas a quedar tú esa sombrilla?

— Pues sí, era mi idea, ¿por?

— No, por nada, es que la había traído para los niños. Pero bueno, luego ya cuando salgan del agua, tú tranquilo.

Su cara exhibe una medio sonrisa condescendiente, como dándote permiso, pero tú sabes que está molesta. La conoces hace mucho y reconoces sus gestos perfectamente.

— No sé si podré compartirla, la verdad es que me hace falta, ya sabes que…

— Hombre, más falta que a los chiquillos no te hará —te interrumpe.

— Bueno, sí, en realidad es lo que os decía anoche, que…

— De verdad, Jesús me parece increíble que te pongas por delante de los peques, no me puedo creer que seas tan tiquismiquis.

— Pero es que no es por capricho, es que el médico dijo...

— Nada, no te preocupes, si no queda más remedio tendremos que movernos a la zona de las tumbonas del merendero. Yo es que estaba intentando ahorrar, que no todos ganamos la pasta que ganas tú.

Se da media vuelta y se dirige hacia la orilla, visiblemente enfadada. Los demás no han querido interrumpir, pero otra de ellas te increpa:

— Chico, cómo eres, parece mentira que no priorices a los niños, qué egoísta.

— Que no es egoísmo, joder, que yo pregunté ayer precisamente porque para mí la sombra es importante.

— Ya, macho, pero es todo de todos, ¿no? Se comparte y ya está — interviene su marido.

La cosa se está yendo de las manos y el tono empieza a ser poco amigable. Esta gente lleva contigo toda la vida, os conocéis desde pequeños y vuestros hijos han crecido juntos, así que para ti son como tuyos. Les has tratado cada verano como tal, las mismas meriendas, las mismas rutas al llevarlos y traerlos, los mismos juguetes que a los tuyos, las mismas colas en los columpios.

Pero ahora tus amigos te están acusando de no quererles lo suficiente, de ser un desconsiderado, de anteponer tus intereses a los de la sacrosanta infancia. Y tú sabes que no es eso, sabes que lo del dermatólogo fue un buen susto, que pasar por quirófano no fue tontería, que avisado estás de que podría repetirse si no te cuidas lo suficiente.

Les miras con angustia, buscando sus ojos, pero rehúyen tu mirada. Bajo las tres sombrillas se ha creado un silencio incómodo, más denso que los castillos de arena que vuestros cachorros están construyendo, despreocupados y ajenos a vuestros dramas de adultos.

No entiendes nada. Ellos tienen mejor economía que tú y despilfarran en cosas para su prole que tú consideras superfluas, para luego ponerse ahorrativos con detalles nimios que dan calidad de vida. Pero ellos lo justifican con eso de que son más austeros, porque así han sido educados, inconscientes de la culpa que les incita mirar por uno mismo. Pero tú adoras a tus amigos y respetas sus puntos de vista y sus valores, aunque muchos de ellos no los entiendas. Y, ante todo, no quieres ofenderles, ni por supuesto cargarte el buen ambiente de las vacaciones, la convivencia siempre ha sido fluida y no serás tú quien la estropee.

De modo que no esperas más. Te levantas sin pensártelo dos veces, te pones la gorra y las chanclas y te vas de la playa. Coges el coche, conduces 10 minutos, vas al bazar chino y compras sombrillas para todos. Y un dragón hinchable para el agua, de colorido un poco hortera, pero que a los enanos seguro que les va a volver locos. Pagas y te encaminas de nuevo al origen de tus males.

Cuando llegas, tu mujer te coge del brazo y te lleva un poco aparte, para montarte un pollo pero por lo bajini, que no os oigan los demás, que tengamos la fiesta en paz. Que cómo se te ocurre liarla con tus amigos de siempre, que en qué estabas pensando, que no entiende por qué quieres dar el cante. Te callas a todo porque no sabes qué decir. Ella sabe lo preocupado que has estado, pero le supera lo que pensarán los demás, no puede soportar perder la armonía.

Vuelves al grupo, confuso pero con la conciencia tranquila, porque has hecho lo correcto y has buscado solución al problema. Pero los otros han debido hablar mientras no estabas, se les nota tensos aunque te dan las gracias y sonríen forzados. Te llaman exagerado, no hacía falta gastarte tanto, son demasiadas sombrillas realmente, cuánto te debemos, habrá que pagarlo del fondo común. Les dices que no importa y lo dices de corazón. Lo que no dices es que, si la diferencia entre pasar el verano encantado o amargado son 33 €, no ibas a conformarte, ¿no? No pretenderán que te sientas culpable por ser disfrutón, ¿verdad? Tú no eres ningún derrochador, sólo alguien que intenta sacar el máximo placer de todo lo que hace, sin aspavientos. Cosas como que tu finde empieza los viernes a las 3, porque tú lo vales.

Y en algo así, es disfrute por salud. Es cuidarte por fin, después de media vida sin prestar atención a nada tuyo. Porque hacerte cargo de ti mismo no significa que te desentiendas de los demás. Es gozar de unas pequeñas comodidades, elegir no sufrir, gastarse una cantidad tan mínima para sentarse tranquilo a contemplar el Atlántico, invertir en un placer tan asequible, que no le está robando nada a nadie, sólo expandiendo la abundancia que os corresponde a todos desde que nacisteis.

Es darte permiso para, de una vez por todas, dejar de sobrevivir y empezar a vivir.

Bendita Culpa

Capítulo 38

CULPA POR SER GAY

"Subió los firmes peldaños de la escalera del pazo con la confianza de quien sabe que siglos de historia familiar la sostienen"

("Los mares de la canela", de Pilar Méndez Jiménez)

Tu nombre es Micaela y eres una abogada de prestigio. Naciste de una familia de renombre en la Coruña, de hecho prestas tus servicios jurídicos en el bufete donde te recomendó un compañero de tu padre. Colaboras también con un centro de estudios sociológicos bastante conocido a nivel nacional, allí fue donde te hablaron de las constelaciones familiares y eso fue lo que te trajo a mí.

Tienes un afán desmedido por documentarlo todo y escaneas todos los certificados, contratos y nombramientos con los rayos X del escepticismo, para ver si son realistas y científicos. Así que cuando te hablo de los nudos del transgeneracional[14], te suena a cuento chino, pero eres honesta y me lo dices a la cara. Tú no crees en los límites de la mente humana, pero tampoco en la reencarnación de las almas en cuerpos sucesivos. Intento explicarte que no se trata de eso, que no son filosofías hindúes, que esta técnica la elaboró un alemán basándose en costumbres atávicas de Sudáfrica.

Me paras en seco, asertiva pero educada, porque quieres ir al grano. Te disculpas por ser tan directa, pero no entiendes qué podrán tener que ver los zulúes con vuestro pazo solariego de Oleiros.

---

[14] Post del blog de BenditoLunes: "Benditos libros"

Allí fue donde tu padre estampó un cenicero contra el cristal de la vitrina del salón. Estabais en plena trifulca, era la segunda vez que te ponía un detective pero esta vez le habías pillado. Estaba tratando de convencerte de que, en Galicia, la gente bien no puede mostrar ciertos comportamientos en público y él quería asegurarse de que tu reputación de mirlo blanco estaba intacta. Cuando tú le dijiste que preferías ser águila y volar alto y libre, cogió lo primero que pilló sobre la mesita del té y lo lanzó por encima de ti, contra la puerta de ese aparador lacado en rojo que tantas visitas de nobles insignes había presidido.

Tan nobles como sus intenciones, aunque más obvias que las tuyas. El investigador privado podrá haberle dado algún detalle morboso de los que tú misma has simulado en tus salidas nocturnas por Santiago. Pero habrá redactado, sin duda, un informe de mujer blanca hetero.

Ahora que se ha puesto tan de moda hablar de género fluido, te sigue aterrando lo que piense tu padre sobre los LGBTIQ+. Su cuna burguesa le ha cableado la cabeza de una forma que nunca podría entender las 3 variables que están en juego: sexo de nacimiento, género con el que te identificas y orientación sexual. Está muy lejos de comprender las múltiples combinaciones entre las 3... y eso que tú *sólo* eres una chica, *her*, lesbiana, así, sin más complicaciones.

Por eso cuando te fuiste de viaje a Denia con tu novia, les dijiste a tus padres que era con una pandilla de chicos. Era mejor que te cayese una bronca por ser una *ligerita de cascos*, que confesar que tu cuerpo y tu alma le pertenecían a ella. Allí, nadando a contracorriente, quisiste emular un cuento que oíste una vez, y ahogar la herencia inconsciente de un hombre que no pudo lavar su culpa y se la heredó, sin quererlo ni saberlo, a su hija. Allí te entró un llanto quedo, mientras sentiste que a ti el mar te curaba. Y después un llanto profundo, mientras determinaste dentro de ti que soltabas el aferramiento a tus raíces y las dejabas ir.

Tu madre sí crees que lo sospecha, las madres lo saben todo. Incluso si disimuláis con dos habitaciones separadas en la casa que habéis alquilado juntas, una cama inutilizada sólo por si aparece algún pariente. Es una de las imposiciones que tu chica te ha hecho tragar. Su abolengo es aún más rancio que el tuyo y a ella sí que no se lo perdonarían. Así que te tragas también el dolor por no ir a casa en Navidad, porque tienes que elegir entre el amor a quien te dio la vida o el amor a quien la vive junto a ti.

Y pasan las semanas y vamos cocinando culpas a fuego lento: culpa hacia ti por no salir del armario, culpa por hacer daño a otros si lo hicieras, culpa por no enfrentarte a las coacciones de tu compañera, culpa por lo que sientes, culpa por tu condición sexual, en definitiva.

Y entre pucheros y constelaciones, aparece la culpa por comer esto o aquello.

Y otro día mencionas, como sin darle importancia, tu adicción a la comida. Y juntas descubrimos lo cerca que está de tu otra droga, la adicción a la culpa.

Y una tarde, más lluviosa de lo habitual, llegas vestida de gris y me miras de pleno a los ojos. "No puedo seguir ocultándote mi sombra más terrorífica: soy anoréxica y bulímica."

Tardaste tiempo en callarte y escuchar, pero tu cuerpo te estaba gritando. Empezó como un susurro, con pequeñas faltas de autoestima. Después subió el volumen a un signo de exclamación, con la negación de tu cuerpo frente al espejo. Luego siguió el grito ensordecedor, tu rechazo a vivir. TCA lo llamaron, tu trastorno de la conducta alimentaria. Y doble.

Más tarde me aliviará saber que ya te trata una nutricionista, para enseñarte a comer; un psiquiatra, para descubrir las causas más remotas de tu enfermedad; una psicóloga, para procesar lo que va saliendo. Bromeas con la ocurrencia de que podría ser un buen material para tu próxima encuesta antropológica, las causas y raíces de tu culpa.

El tratamiento no es fácil, los expertos están aprendiendo a estabilizar los niveles glucémicos y el sistema nervioso para que tratar la anorexia no potencie la bulimia y combatiendo la bulimia no se te active la anorexia.

Entre todos seguimos aligerando corazas y buscando con qué alimentos emocionales pretendes digerir tus sufrimientos, sustituir tus anhelos, llenar tus vacíos. Y las lacras que cargabas en tu pasado van dejando de pesar aquí y ahora.

Porque tú vas recomponiendo el puzzle de tu esencia, encolando a todas las Micaelas perdidas, abrazando a todos tus personajes olvidados, sacándoles de sus escondites ocultos, quitándoles la mordaza, dándoles voz. Hasta que un día reúnan la fuerza suficiente para abrir la puerta del armario en el que los encerraste... y salir a la vida.

Capítulo 39

CULPA POR SEGUIR UNA VOCACIÓN

Te llamas Luis, pero bien podrías llamarte Ángel. Trabajabas para el negocio familiar, pero hace dos años decidiste irte para "hacer el cabra loca", según dice tu hermano. Aunque, en el resto del mundo, lo llaman "escuchar la llamada de la vocación". Esa frase le gustaba a tu padre, pero él ya no está. Ni tu madre tampoco. Mejor, porque habrían vuelto a morirse de pena si hubieran visto lo que hicisteis con su herencia.

No es que la dilapidarais, no. Fue sólo que la usasteis para echaros en cara todo lo que se había acumulado en años de no hacerlo. Porque currabais mano a mano en el taller mecánico que el abuelo inició. Pero el ruido de los motores era la excusa perfecta para no tener que hablaros mucho, y así las palabras se os fueron quedando dentro. Y el día que dijiste que, con ese dinerito, por fin podías crear la peluquería de tus sueños, se desbordaron todas de golpe. Todo fueron reproches, llenos de prejuicios. No, no era para ligar más. Y no, no es que fueras gay, ni tampoco hipersensible, trataste de contradecir los topicazos.

Sólo es que te gustan las tinturas, son tu forma de dejar salir tu rebosante creatividad. Ser colorista te llena como nada que hayas hecho antes, te gusta hacer felices a tus clientas y ya no quieres renunciar más a serlo tú.

Fuiste muy considerado todos estos años, cumpliendo con la tradición ancestral, poniendo buena cara a los vecinos del barrio que os traían sus coches, administrando bien la paga y también tus deseos. Intentando no destacar, queriendo encajar en lo que se esperaba de ti.

Si no eras un niño bueno te castigaban, de pequeño literalmente, de mayor con el silencio, o haciéndote sentir que no eras uno de ellos. Siempre te han dicho lo que tienes que hacer y ahora cómo vas a saber hacerlo solo.

Eso es lo que piensan tus tíos, que también se sienten con derecho a hacer juicios de valor, porque claro, el taller lleva varias generaciones en pie.

Y ahora, tu chica tiene un puestazo y ha estado llevando el peso de la economía los primeros meses, mientras tu maravilloso salón unisex arrancaba. Pero ya da igual si no quieres seguir simulando que te mantienes a ti mismo. También da igual si has encontrado a alguien que te mantenga. Lo verdaderamente grave es que con 54 tacos necesites estar dando explicaciones a tus familiares...

Todos aprovechan cualquier encuentro en la charcutería Hermanos Chasca para insistir en que ese no es el camino, que tú no vales para eso, que tus padres no habrían querido semejante profesión para ti. El que más caña mete es tu hermano, siempre tu hermano. Y tú sientes que tus raíces están podridas. Esta tierra está muerta. Hay que mudarse. La culpa la enterraste con tus padres y ya nada ni nadie podrá atarte las alas, has elegido soltar amarras para poder al fin volar.

Tú quieres mancharte las manos con una coloración 10.3, o con un *total red* estilo Rihanna, no con la grasa de un carburador. Ponerle color a la vida mientras lo mezclas para esas mechas. Echar cada día el cierre, mirando tu escaparate de diseño y sonriendo con plenitud.

Capítulo 40

CULPA POR NO TENER HIJOS (¡O TENERLOS!)

En tu DNI pone Agustina, pero todos te conocemos como Delia, nunca has querido decirme por qué... y eso que somos amigas desde el colegio. Eres dependienta de Zara desde hace 14 años, los últimos 2 en Segovia, donde ya has ascendido a jefa de sección. Tu vida es más o menos tranquila, una vez que has podido dejar atrás la locura de Madrid. También la de tu chico, fue mucho stress el tiempo que estuvisteis cada uno en una ciudad. Ahora te sientes mucho más realizada y los dos sois razonablemente felices.

Tenéis unos cuantos sobrinos que te comerías con patatas, como también a la mayoría de los hijos de tus amigos. Sin embargo, hace una década decidisteis no tener hijos vosotros... y el resultado sería genial, si no fuese porque tanta gente cercana os sigue haciendo acoso y derribo a la menor ocasión.

Tu madre te apretaba continuamente con que ibas a lamentar no tenerlos, ahora ya no porque tiene alzhéimer, por quién sabe qué dolor que querrá olvidar... el tuyo desde luego no, porque tú estás bien así. Os queréis un montón, compartís muchas actividades juntos, hacéis planes de futuro, os divertís, crecéis día a día, os complementáis. Tú le prestas toda la atención y cariño que no supo darle su familia de origen y él te apoya en todos tus sueños.

Hace unos años empezaste a ilustrar cuentos infantiles, estabas pensando en lanzar también una línea de ropa personalizada y quién sabe si atreverte a montarte por tu cuenta. Hasta que tu padre te soltó a bocajarro aquello de "déjate de sueños y ponte ya a parir, que vas tarde". Tuvisteis una discusión fortísima y sus palabras te hirieron profundamente, pero ya se te ha pasado. Tú eres así de calmada, enseguida pasas página, sobre todo con los episodios más dolorosos, porque siempre han llegado de la mano de quienes más querías.

Por eso consideras que tú eres una de esas personas sin dramas aparentes. Y no termina de cuadrarte lo que te cuento como disparatada amiga consteladora, eso de que las familias que acumulan demasiada carga emocional suelen inducir a uno de los miembros del árbol a que corte sus ramas de raíz, para no perpetuar con más hijos el dolor de su especie. Pero tú no estás necesariamente huyendo de nada, no tienes un padre alcohólico, ni una madre enganchada a los somníferos. Sólo quieres tener un poco de tiempo para ti, ser dueña de tu vida. Siempre te han dicho que eso se llama egoísmo, pero dónde está la frontera con la sana autoestima. Te hace tan feliz encontrar tus instantes para organizar vuestro viaje a Korea, una fiesta de cumpleaños para 40, o la compra de una casita en la montaña.

Además, en tu fuero interno sientes la vaga sensación de haber parido ya mil hijos en mil vidas, te agota incluso pensarlo, lo sientes en tu vientre.

A veces te preguntas si, como dice tanta gente, te arrepentirás algún día, o si querrás retractarte. Ya sabes que te pierdes muchas cosas, eso seguro. Los besos, los abrazos, las miradas tiernas, las preguntas conmovedoras y también las incómodas, los saltos en la cama y las sorpresas en tu cumpleaños. Lo ves en los hijos de tus amigos y en todos tus sobrinos. Pero es el precio que has decidido pagar por tu libertad.

Y no, no eres ninguna "mujer desnaturalizada", a ti te rechiflan los bebés, pero cuando se convierten en párvulos ya depende, y cuando llegan a la pubertad ya ni hablamos. Y señores, luego siguen siendo tus hijos de adultos, que esto es un compromiso para siempre y te consta que no todos los padres lo han pensado bien. Tú no crees que se deban tener hijos sólo porque toca, o porque es lo habitual, o para dejar un legado, o para que te cuiden de mayor. Respetas los cientos de razones que te dan los *ConHijos*[15], pero Aníbal y tú llegasteis a esa conclusión como a todas los demás, después de hablarlo mucho y con toda vuestra convicción. Los dos sabéis lo que son las ganas de tener hijos, los dos valorasteis dar ese paso con vuestras anteriores parejas, mucho antes de conoceros. Pero, afortunadamente, ese momento nunca llegó, porque aquellas relaciones

---

[15] Blog "Cosas que me pasan"

no arribaron a buen puerto. Así que, cuando por fin os encontrasteis el uno al otro, pensasteis que había llegado vuestra oportunidad.

Pero el tiempo pasó y vosotros construisteis una existencia en la que no faltaba nada. Os encanta vuestro estilo de vida de *SinHijos*, cada vez más. Y ya no sois los únicos, os habéis ido topando con otras parejas que no quieren tener descendencia, porque eso ahora ya no es un imperativo social sino una opción. Por supuesto, hay personas que no pueden tenerlos, pero esos casos son diferentes y, si se da la culpa, suele ser por creencias internas, en plan castigo divino. No es la culpa provocada desde fuera, la de mucha gente que no entiende que algo así pueda ser una decisión consciente.

Tú tratas de explicárselo a los pocos semejantes que se atreven a planteártelo con educación y cariño. Con los que te lanzan charlas desaprobadoras, has dejado de hacerlo. Con los que lo hacen en plan entrometido, sin tener siquiera ninguna confianza, pasas de intentarlo. Pero a tus amigos que, con toda normalidad, te han preguntado por vuestras razones, les has dicho que no sentís la llamada. Que no os nace traer a un individuo al mundo. Que no estáis preparados para tanta responsabilidad hacia otro ser humano. Que no queréis proyectar en vuestros vástagos vuestro Proyecto Sentido [16], ni tampoco vuestras expectativas no cumplidas. Algunos impertinentes a veces se han llegado a poner agresivos, a increparos porque todo eso lo ven como una falta de compromiso, de madurez, de solidaridad y hasta de sostenibilidad. Da igual que les argumentes que la mayor huella ecológica que se puede causar al planeta es, precisamente, tener un hijo[17], y que eso no siempre redunda en añadir una persona feliz a la Tierra.

Capítulo aparte merece la tiranía de algunos ConHijos, que a veces ponen a sus churumbeles de excusa para escaquearse en el trabajo y rascar minutos al horario, que tú lo has visto. Suena inaudito, pero en la tienda te has hartado de recordarles a un par de compañeras que los SinHijos también tenéis derecho a conciliar.

Y desde luego, lo que no terminas de comprender es por qué todo el mundo se empeña en decirte lo que tienes que hacer, en creer que ellos

---

[16] Web de Mª Ángeles Cámara, Volviendo a nacer
[17] Estudio "Environmental Research Letters", de IOP Science

saben lo que es mejor para ti, en pensar que tienen la receta mágica de la dicha eterna. Cuando muchas de esas personas ni siquiera son dichosas con sus propias soluciones, modelos de familia, o elecciones vitales. Parece que tuviera que haber un uniforme igual para todos, porque es lo *normal* en *esta* sociedad.

Ellos no se han parado a reflexionar sobre la culpa que te generan al presionarte así. Lo sabes porque tampoco son del todo conscientes de que ellos también soportan toneladas de culpa como padres y madres.

Nos lo cuentan las amigas comunes a la menor ocasión: culpa por no llegar a todo, por no ser buenas madres o por no ser buenas profesionales, o lo suficientemente buenas en los dos campos... es un síndrome tan común, como para haberse creado el Club de las Malas Madres[18], impensable en el siglo pasado.

Y los padres no se quedan atrás, después del confinamiento uno te dijo que se dio cuenta de que los suyos estaban muy maleducados. Otro ha sido lo suficientemente honesto para revelarte que, en el fondo, os envidiaba. Y ha habido un tercero que te ha confesado que, de lo que se arrepentía, era de haberlos tenido.

Unos y otros te dicen que hagas ilustraciones sobre ellos, pero a ti sólo te gusta dibujar cosas que conoces.

Así que, tarde o temprano, harás alguna infografía de todo esto, o unas camisetas, o una ropa de cunita, en plan chistoso, como los anuncios de Durex, o las cuentas de *childfree* que las dos seguimos en Instagram. Que, si todos nos tomásemos los grandes temas con un poquito más de respeto buen humor, la culpa no flotaría sobre nuestras cabezas y la vida sería más leve.

---

[18] Web Club de Malas Madres

Capítulo 41

EL MAR LO CURA TODO

Ah, no, que la frase era *el tiempo lo cura todo*. Pues no sé yo. Lo que sí sé es que yo aquí me he curado del todo, o casi.

Me he curado de la culpa, de la autoexigencia, del sobresfuerzo, del no escucharme, no respetarme, no priorizarme. Del anteponer las necesidades de los otros a las mías, del ser complaciente, del no saber decir no. Me he curado del no ser capaz de recibir, del agradecer sin creer merecerlo, del no aceptar que soy valiosa.

Y me ha resultado arduo, pero sé que no han sido sólo las terapias, o la pandemia, o el semestre sabático, o los cientos de cursos, vídeos y ejercicios con los que he ido domando mi mente, moldeando mis hábitos, calmando mi corazón. Sé que el mar ha sido el protagonista principal.

Yo no lo sabía en marzo, pero vine al mar a lamerme las heridas. Y cuando me fui dando cuenta, ya te lo conté: aquí he encontrado el yodo para desinfectarlas y la sal para secar la cicatriz. Y ahora que mi alma ha dejado de desangrarse, siento la fuerza de todo un torrente corriendo por mis venas. Como si todo el flujo de la vida hubiera vuelto a su lugar.

Como si mi organismo se hubiera reseteado y, al reiniciarse, me hubiera encontrado con una actualización del sistema a una versión mucho más potente, más poderosa, capaz de enfrentarse a todo, y de hacerlo desde el disfrute.

Como si mis entrañas hubieran accedido a los rincones secretos del Libro de la Sabiduría y, ahora sí, pudiera conectar con esas partes de mí que se hallaban dispersas.

Como si desde otras dimensiones me ayudasen, como en una peli de espíritus, o en una aún más compleja como "Interstellar".

Como si desde otros tiempos me ayudase yo misma, como esa app de FutureMe que me manda mensajes de mi yo pasada.

Porque, al final, da un poco igual de dónde proceda la ayuda. Lo que importa es poder reconocerse, (re)conocerte, re-conocerme. Recordar que no estamos solos, que nos tenemos unos a otros, que somos parte de un todo, que muchos antes nos representaron.

Y, sobre todo, sentir que nos tenemos a nosotros mismos. Conseguir reunir la luz suficiente para alumbrar nuestras propias sombras. Y, desde ahí, expandir la energía hasta tocar a todos nuestros *yoes*, abrazarlos, mirarles a los ojos y decirles:

Estoy aquí. He vuelto. Y ya nunca más te dejaré sola.

Capítulo 42

CULPA POR DEJAR TIRADO A TU JEFE

Te llamas Rodolfo y quieres ser profesor de yoga. Ahora mismo te dedicas al marketing, es lo que has estado haciendo los últimos 25 años. Es la profesión con más salidas que se te ocurrió, la que te pareció con más futuro en aquella época en la que tu madre se separó.

Entonces nadie se divorciaba todavía. Tampoco se llevaba lo de la custodia compartida y tal y cual, directamente tu padre os abandonó. Pero eso no te impidió costearte una carrera, ni tampoco formar tu propia familia, sólo te hizo más fuerte. Tienes 3 hijos y una mujer preciosa, así que no le pides nada más a la vida. Si acaso, un poco más de emoción a tu trabajo, porque después de tantos años, ya se te hace cuesta arriba. Las mismas tareas, la misma empresa, el mismo jefe.

Aunque de él no tienes la menor queja; al revés, es el mejor jefe que has tenido y, aunque han sido pocos, muchos fueron fantásticos. Pero este es especial, lo sabes perfectamente. Es una buena persona, tiene un gran estilo de liderazgo, es exigente pero a la vez comprensivo. Te aprieta si ve que te relajas demasiado, pero sabe ser empático si ve que necesitas apoyo. Reconoce siempre tus esfuerzos, e incluso te defiende ante la Dirección cuando hace falta.

Por eso te cuesta tanto dar el paso. No puedes hacerle eso, no con lo bien que te trata. Decirle que no puedes más, que necesitas cambiar de aires. Que eso que empezaste como un hobby se está convirtiendo en una pasión, que ya no puedes vivir sin el yoga, que tus alumnos te dan la vida, que te gustaría intentar hacerlo una profesión. Ni siquiera tienes intención de dejar la compañía para siempre, sólo un añito sabático. Te llaman cada vez de más centros, en Guadalajara escasean los profes y además el boca a boca te funciona genial, parece que eres bueno en esto. Pero no puedes seguir compaginándolo, no con tu día a día lleno de viajes, de eventos, de stands que montar, de ferias que explorar, de reuniones de estrategia, de equipos de venta presionando. No puedes seguir llegando acelerado a las salas de meditación, y mucho menos a los ashram. No puedes empezar con tus asanas sin haber respirado antes con calma, no está bien hablarles a tus yogis de coherencia y vivir con este descentramiento. Tienes que probar cómo sería sólo eso.

Y en todo ello piensas durante tus largas horas de insomnio. Te esmeras en hacer tu pranayama, pero cada noche es peor que la anterior. No dormir sólo te provoca más culpa, deberías saber relajarte mejor si te quieres dedicar a esto. Deberías incluso dejar de sentirte culpable. ¿Cómo sería tu vida sin culpa?

Quizá deberías aprender de tu hijo Andrés. El episodio del viernes pasado te dejó estupefacto. Le llevaste a él y a su amigo Javi a la Fever, esa discoteca light con sesiones para adolescentes. Te sorprendió que le pidiera a su madre una cinta de color verde para colgarse, te contó que cada uno se ponía un color del semáforo para indicar cómo de sociable se sentía. A la ida estaban los dos bastante callados, bromeaste con ellos sobre los nervios de conocer a alguna chica nueva. Pero a la vuelta no dabas crédito a su emoción, nada más abrir la puerta del coche te soltaron aquello de "yo 4, yo 6". Te explicaron que lo de la cinta era lo de menos, que lo importante era llegar a un grupo de chicas, preguntar quién quería rollo, besar a la primera que levantase la mano y ser rápido en llegar al siguiente grupo. A veces repetían con alguna amiga de la anterior, pero era mejor cambiar a otro corrillo, para que luego no comparasen entre ellas.

Le das vueltas en tu cabeza a la escena. 14 años y ya ha batido tu récord, aquella Nochevieja de los 17 en la que te enrollaste con dos desconocidas, después de varias horas dedicadas a cada una, muchas miraditas, muchas copas invitadas. Pero ellos no observan y fichan, ellos no bailotean para pavonearse, ellos no entran al juego de la seducción. Ni siquiera les preguntan sus nombres, sólo a veces se intercambian su *Insta*, sólo a veces volverán a hablar con ellas. No saben quiénes son, ni qué estudian, ni qué música les gusta. No les importa si besan bien, ni si podrían ser el amor de su vida. Y a ellas tampoco. Adolescentes con cero culpa y mucho reggaetón, sin duda te estás haciendo mayor.

Y por eso no quieres que el tiempo se te acabe. Tienes que poder vivirlo cuanto antes. Experimentar cómo sería pedirle a tu jefe un año, unos meses, una segunda vida. Que te dejen reconciliar contigo mismo, sin sentir que le dejas tirado. Porque si no, a quien vas a dejar tirado es a ti mismo, sin ilusión y sin fuerza para hacer tu clavo *sirsasana* nunca más.

Bendita Culpa

Capítulo 43

PAZ

Esa paz... la que me cubre hoy por completo, sin comerlo ni beberlo, sin saber siquiera por dónde ha llegado. Una paz que emana desde dentro, pero que yo achaco siempre a los avatares del día. Y hoy, que ha amanecido calmo, me conecto con el sonido del silencio aquí arriba en las montañas. Y sonrío cuando, al escribir esa frase, el gallo del vecino perturba estridente mis renglones.

Una paz que busco cada día, casi a cada instante, pero que mi mente suele impedirme. Porque el acceso a ella debe cruzar los muros de innumerables pensamientos, que pelean por ganar y ser atendidos. Pero hoy no. Hoy me he despertado somnolienta por las cuatro pesadillas que han interrumpido mi bendito sueño. Y que, de puro lúcidas, me han tenido reposando varios minutos extra bajo las sábanas, turbada aún por su impacto.

Pero yo las siento sanadoras, como todo lo que he estado haciendo últimamente. Como si, paso a paso, capa a capa, me hubiera ido desvistiendo de mi cebolla exterior, permitiendo que las lágrimas laven el ácido, para aclarar mi mirada y aligerar mi peso. Voy soltando todo lo que ya no me sirve, por inútil y por caduco. Porque estar al servicio ha de ser con propósito y actualizándose al momento vital, y yo andaba muy pesada de cargas que ya no aportaban.

Así que me siento en los cojines, protegida por la enramada, contemplando el sol de lleno sobre mi vista panorámica, agradeciendo poder vivir en mi paraíso particular. Ya no siento culpa, ni pudor en confesarlo. Ya no me pican los remordimientos ni los juicios. Ya sólo observo quietud en mi cabeza, esplendor en mi reflejo.

Han sido 6 meses de largo aprendizaje, es una palabra que se repite cada pocas páginas. Y ahora que he conectado del todo con la disfrutona en mí, me doy cuenta de lo cortos que han sido los momentos. Por eso me los llevo de aquí. Me llevo las sensaciones, los olores, la dulzura, la brisa, el rugir de las olas, el cacareo de las gallinas, el crepitar de las chicharras, el amarillo del limonero, el fucsia intenso de las buganvillas, los 20 tamaños de los aguacates creciendo. Todo son formas y colores en mi retina, todo canciones en mis oídos, todo escalofríos en mi piel.

Me llevo Frigiliana puesta como mi mejor traje, ése que guardas para las mejores celebraciones, ese que te hace sentir especial. Me la llevo también dentro, calmándome con su murmullo, calentándome con su calor de hogar, resucitándome con la vitalidad de tantas personas que me han acompañado.

Esa paz ha venido del interior, pero ha sido tu exterior blanco quien me ha contagiado. Esa paz me la llevo conmigo, porque contigo… volveré pronto.

EXTRA DE CULPA
Lo que dicen los sabios

- "La raíz más profunda de la culpa nace el día que decides dejar atrás tu clan de origen para formar tu propia tribu." Me encantaría decirte que esta genialidad de frase es mía, pero en realidad es de Isabel Catalán, mi amiga, mi socia, mi vecina y uno de los mayores espejos en los que se refleja mi vida. Ella dice que el resto son culpitas.

- "La culpa sólo pertenece a los niños" (Brigitte Champetier de Ribes)

- Los egipcios pensaban, cuando llegaba el momento de la muerte, que si un hombre había vivido y actuado de acuerdo con Maat (diosa de la justicia), al fallecer su vida estaba asegurada para siempre en el más allá, pero que si sentía culpa, sería devorado por un monstruo eternamente: "El individuo, en presencia de Osiris, debía prestar una solemne declaración de inocencia e, inmediatamente después, su corazón era pesado ante Maat. En uno de los platillos de la balanza se colocaba el corazón, en tanto que en el otro se colocaba una pluma de avestruz, símbolo de Maat. El corazón, si era justo, debía pesar menos que la pluma. Thot (el dios escriba) registraba el resultado sobre una tablilla y dictaminaba en su caso al difunto 'justo de voz'. En otro caso, un ser monstruoso, devoraba al fallecido devolviéndolo al mundo de la materia donde se encontraría con las consecuencias de sus actos." (Capítulo 125 del "Libro de los muertos")

- "Hay un cansancio que sólo se cura huyendo de la gente que te lo provoca" ("El principito", de Antoine de Saint-Éxupery)

- "No pudiste hacer otra cosa, porque no la hiciste. Todo lo que hiciste en el pasado es perfecto de acuerdo al nivel de conciencia que tenías en aquel entonces. Si ahora lo puedes ver diferente, celebra tu toma de conciencia, pero no le des gusto al ego de controlarte con su arma más poderosa: la culpa." (Alejandra Baldrich)

- "Si una renuncia te llena de culpabilidad y el consentimiento conlleva resentimiento, opta por la culpabilidad. El resentimiento es un suicidio para el alma" ("Cuando el cuerpo dice no", de Dr. Gabor Maté)

- "¿Alguna vez sentiste culpa después de haber tomado una decisión? La culpa se gatilla fundamentalmente por entender un ideal de perfeccionismo. Si hay algo que yo he aprendido a lo largo de los años es que al final o al principio uno hace lo que puede. Creo que es producto de la mentalidad judeo-cristina, que nos dejó esta 'cosa culposa' de estar bien, y que por ser feliz había que pagar. De hecho, en Chile hay una frase que dice que si uno ríe un martes, llora un viernes" (Pilar Sordo)

- "Las emociones son como nuestros hijos, que nos piden cosas según sus necesidades. Quien va a gestionarlas y tomar las decisiones es nuestra madre interna, que escucha a sus hijas emociones desde fuera de su emocionalidad, para no identificarse con ellas. La madre aporta la madurez, porque es quien tiene la experiencia. La culpa es lo que siente la madre cuando abandona a sus hijos. Si tú estás presente atendiendo a tus partes, la culpa no está. La culpa aparece cuando tú te abandonas. Sabemos que estamos escuchando a todos nuestros 'hijos' porque ya no nos sentimos víctimas. Y si ya no nos sentimos culpables, es porque ya no somos víctimas." (Rut Muñoz)

- "Hay una culpa que es un autocastigo y hay una culpa que es un simple reconocimiento de que uno ha sido un idiota. Yo creo que hay un momento en que uno deja de castigarse y descubre que no le sirve para nada el castigo, que basta con haber entendido claramente y si uno tiene tiempo, si tiene oportunidad, surge de ahí una corrección de la propia vida. A veces una reparación, a veces ciertos actos que son como una manera de compensar faltas pasadas. Pero hay un elemento también de lo irreparable, no se puede arreglar lo que hemos hecho. Las heridas que hacemos dejan cicatrices, por mucho que sanen las heridas quedan los tejidos cicatrizados. En el alma también, quedan deformidades... y eso hay que perdonárselo." (Claudio Naranjo)

- "Las culpas nos cortan el fuego de la libertad y las ganas de ser uno mismo. Sentimos miedo a dañar a otros y culpa por no haber podido salvar a otros. Pero el rol de salvador nos entorpece a nosotros y a los demás" (Elsa Farrús)

- "Las pautas mentales causantes de la mayoría de los malestares del cuerpo son la crítica, la rabia, el resentimiento y la culpa. Por ejemplo, la crítica: si uno se entrega a ella durante un tiempo suficiente, suele conducir a enfermedades como la artritis. La rabia se transforma en cosas que hacen hervir, queman e infectan el cuerpo. El resentimiento que se alberga durante mucho tiempo se encona y corroe el yo, conduciendo finalmente a la formación de tumores y cánceres. La culpa siempre busca castigo y conduce al dolor. Es mucho más fácil liberar estas pautas de pensamiento negativo cuando estamos sanos que tratar de erradicarlas bajo la influencia del miedo y ante la amenaza del bisturí." ("Sana tu cuerpo", de Louise Hay)

- "La palabra sabiduría no viene de saber, sino de sabor. El hombre sabio no es aquel que sabe más, sino el que aprendió a saborear la vida." (Roberto Pérez)

Bendita Culpa

EXTRA DE DISFRUTE
Lo que dicen mis disfrutones

Como ya te he dicho, este libro nació realmente en 2016, así que yo me pasé todo aquel año felicitando los cumpleaños de mi gente querida con una pregunta recurrente:

"¡Feliz cumpleaños! Este año verá la luz mi primer libro, el 'Manual del Disfrute', ¿cuál es tu mejor manera de disfrutar? Cuéntamela y la compartimos con el resto del mundo... y sobre todo, ¡que tengas mucho de eso hoy! Un besazo, Elisa"

Algunos no tuvieron oportunidad o ganas de contestar, porque los cumples son para vivirlos intensamente. Pero todos los que sí se concedieron un minuto fueron tan generosos como para prestarme sus palabras, que he mantenido literales, cronológicos, y sin actualizar, para que no pierdan su espontaneidad. Desde aquí, mi agradecimiento a todos vosotros y este pequeño homenaje. Espero que sigáis celebrando a lo grande.

1. Mi mejor manera de disfrutar es estar con mis amigos, es mi prioridad y lo que me hace más feliz... y cada día que pasa, más. (Laura López Jurado)

2. Yo soy muy sencilla: el mar y un libro... ni hombres ni niños, ahora que no me oyen. O con un pincel y música de fondo. O bailar mientras hago la cena con mi hija Inés en la cocina. O cuando una amiga te felicita de corazón por tu cumpleaños, como tú. (Amparo Gutiérrez)

3. Desde hace casi 8 años la mejor manera que tengo de disfrutar es con mi hijo. Hay muchísimas, pero con Marcos flipo cada día. (Noja Polman)

4. Mi mejor manera de disfrutar es estar bien, sentirme bien conmigo misma. Cuando estoy así, disfruto de todo. (Isabel Catalán)

5. Yo disfruto la vida combinando dos cosas: escribiendo y compartiendo tiempo de calidad con las personas que quiero. (Pilar Méndez)

6. Uno de los secretos está en saber escoger a quién tienes al lado, en lo más cercano y en lo menos cercano. Me encanta haberte encontrado. (David Flores)

7. Pues tengo muchas maneras de disfrutar. Pero la mejor, entre amigos y echándonos unas risas. En cualquier lado y haciendo cualquier cosa. (Cristina Labrador)

8. Maneras de disfrutar... muchas, casi todas relacionadas con el mar, últimamente estoy muy acuática, reuniones familiares, un buen libro... (Ani Martín Tenorio)

9. Yo disfruto con pequeñas cosas:
   - Ver amaneceres con sus colores limpios o atardeceres con sus múltiples colores rosáceos y anaranjados.
   - También disfruto cuando paso por un río que se llama Serrano, que me entra la risa a carcajadas porque esa carretera por donde pasamos para ir a Riaza está llena de robles y pinos maravillosos.
   - Disfruto volando cometas cuando hay aire y me siento libre como si yo misma estuviera surcando el cielo.
   - Disfruto de una buena conversación con gente inteligente que no se queda sólo con las apariencias y sabe sacar la sonrisa en los momentos más inverosímiles.
   - Disfruto al nadar y hacer mis largos, justo al mediodía, cuando en la piscina del polideportivo los rayos caen perpendiculares... y cada largo representa un año de vivencias, todas enriquecedoras, porque son las que hacen que sea como soy ahora...
   - Disfruto de las risas de mis hijas y de todos sus logros.
   - Disfruto de la lectura de un buen libro en el estudio de pintura de María, donde todo se puede cumplir.
   - Disfruto de las rutas por el campo o por la sierra.
   - Disfruto de los mimos incansables que me dispensa mi perrita.
   - Disfruto de gente maravillosa que tengo a mi alrededor, que me hacen la vida más agradable.

- Y de un marido maravilloso, que me quiere casi tanto como yo le quiero a él.
- Disfruto del ajetreo cuando quiero marcha y de la paz cuando busco tranquilidad.
- Disfruto cuando me rodeo de gente menuda, que constantemente me aporta felicidad.
- Me considero una verdadera persona disfrutona, porque me gusta ver lo bueno que hay a mi alrededor.

(Rosa Aguado)

10. Pues a pesar de la patente falta de talento, estoy aprendiendo a tocar el piano... Y cuando se produce el milagro de tocar tres notas correctamente, la sensación que me embarga es indescriptible. (Felipe Domingo)

11. Mi mejor manera de disfrutar es estar con los que más quiero y compartir mi tiempo con ellos. ¡Quererlos y quererme mucho! (Amaya Marcos)

12. Tú tienes más mundo visto y en Madrid puedes tener cualquier cosa que sueñes. Aquí en Formentera, los sueños de uno son la playa, la pesca, o la caza, no hay nada más que puedas cumplir, pero yo soy feliz así... Seremos bichos raros, pero está bien que no seamos todos iguales. (Pepín el *pel*/Rojo)

13. Tomar un aperitivo con Jaimón al solecito antes de comer. (Silvia Cortés)

14. Quizás mi forma de disfrutar es desde otro punto de vista. Hoy en día con lo que más disfruto es con mis hijos y tu cuñado. Por ejemplo, el domingo pasado, cuando se pusieron como locos a bailar. Es una sensación de alegría y emoción a la vez tan solo con verlos a ellos como disfrutan, ¡cómo puede ser que se me salten las lágrimas! Cuando estamos los cuatro nos encanta ir al cine, o simplemente ver una peli en casa, como decimos 'modo cine': bajamos persianas a tope, bol gigante de palomitas, ¡tapaditos los cuatro en fila con una sola manta! O que, nada más salir del colegio, tu hija te dé una nota escrita en clase de "Mamá, te quiero con todo mi corazón" es único e inexplicable. En fin, mi vida hoy en día gira alrededor de tus sobris, así que qué mejor

manera de disfrutar, que pasar el mayor tiempo posible con ellos. (Mª Carmen Rodríguez)

15. Viajar con una hermosa mujer, que además sea maja. (Roberto Rodríguez)

16. Actualmente, el mejor disfrute que tengo a mano es jugar con mi hijo cuando los dos estamos de buenas. Pero no me importaría ir de vez cuando a bucear. Ese disfrute lo tengo menos a mano. Una lencería bonita también hace que el día mejore muchísimo. Y los libros, siempre. Mi vida sin libros sería mucho más pobre de lo que es. (Ismael Perpiñá)

17. ¡Pintar! (Fernando Rodríguez Santisteban)

18. Para mí, disfrutar es igual a estar en el momento, con los sentidos bien abiertos a descubrir nuevas sensaciones. Si has visto la película "Cielo sobre Berlín", de Wim Wenders, tendrás una buena referencia. (Eva Snijders)

19. Salir a comer con los míos. Pero el domingo, para que tengamos más tiempo y que sea fuera, para no tener que cocinar yo. (Charo Hernando)

20. Se penso a cosa mi rende felice, o meglio, mi fa star bene, allora direi: andare al cinema, per lasciare tutto fuori e entrare in un mondo diverso dal mio, non per forza migliore, diverso. Eppoi una buona cena con un buon vino con gli amici di sempre o anche con dei nuovi. Una partita di calcio dove, finalmente, la mia squadra inglese vince e io posso bermi tante pinte... ;-) E non dimenticare, molti piu' viaggi in Spagna, un paese che adoro! Altro che Italia :-) (Ale Rubanu)

21. La mejor forma de disfrutar es dejarte caer por el pueblo y llenarte de grandes recuerdos. (Conra Medel)

22. ¡Me encanta viajar y, si es de ocio y con familia, mucho mejor! (Rubén Canosa)

23. Día soleado de verano, en la playa, tumbado oyendo el mar, pero sin mirarlo. La tranquilidad inunda mi cuerpo y hace que disfrute 'del momento', sin pensar, sólo escuchar... (Óscar Santidrián)

24. Mi mejor manera de disfrutar, aunque parezca mentira, es cocinando repostería. Digo 'aunque parezca mentira' porque no me gusta el dulce, pero disfruto muchísimo viendo cómo se lo comen los que quiero. (Charo Calvo)

25. Como más disfruto es jugando con todos mis amigos y con mi familia. (Tito Pini, 10 años)

26. La mejor manera de disfrutar... la que me toque en cada momento, preferiblemente con alguien (uno o varios amigos de verdad). Y ese alguien también puedo ser yo solo, conmigo mismo. El disfrute hay que currárselo, buscarlo... no llega sólo para 'rescatarnos' de la desidia. (Carlos Muñoz)

27. Disfruto con cosas muy sencillas... pasear por el campo, salir con los amigos a cenar y hablar de nuestras cosas, meditar, darme un masaje, recibir un abrazo inesperado... en fin, pequeñas grandes cosas para mí (Susana Lavilla)

28. Ver reír a mis hijas. (Fermín García)

29. Hoy día, estar con la gente a la que quiero. No tener prisa por nada. Y plantearme la vida como algo que consiste en comer y dormir (follar si se puede, mejor), y el resto siempre es un regalo que, si viene, genial y si no, no hay frustración. Claro está, eso lleva a reírme todo lo que puedo. (Juan Vecino)

30. Con lo que más disfruto es con las reuniones entre amigos, me encantan cada vez más y viajar y conocer culturas, religiones y costumbres distintas. (Mª Luz Fuentes)

31. Mi forma de disfrutar en los momentos que tengo libres son: estar con mis amigos y familia, estar con mi perro y dibujar. (Adriana Pini, 13 años)

32. Yo disfruto mucho de mis largos paseos por estos maravillosos bosques que tenemos en Galicia, y tengo la excusa perfecta, porque mi perro necesita mucho ejercicio. Y por supuesto, también de esos momentos de reencuentro con esos amigos mágicos (todos tenemos

alguno aunque no abundan), que todo lo curan y te cargan las pilas para todo el mes. (Yolanda Fernández)

33. Lo primero que se me viene a la cabeza a la pregunta 'qué es lo que más te hace disfrutar' lo tengo claro, son las pequeñas cosas, los pequeños detalles, ver a mi entorno feliz, disfrutar de la vida al máximo:

- Una buena cena (en sintonía).
- Una buena copa de vino (en compañía).
- Una buena película (en silencio y en el cine).
- Un buen beso (de tu amorcito).
- Un buen libro (en soledad y mirando al mar).
- Un viaje (preparado con ilusión).
- El deporte (al aire libre y en montaña).
- La risa (en todas sus variaciones).
- La naturaleza, la gente, mi familia, los animales...
- Para disfrutar de verdad sólo hace falta hacer las cosas enfocándote en querer disfrutar en ese instante, en ese momento disfrutarás.

(Lucía Gámez)

34. Aunque te pueda parecer tonto, cuando más he disfrutado ha sido corriendo por un bosque chulo y con lluvia, correr te hace libre y te libera la mente de pensamientos negativos. (César Rodríguez)

35. Sin duda: disfrutar con mi familia en la naturaleza... y después, la música. Y no sé si antes o después, un libro. Y con todo: la amistad. Ahí queda eso. (María Ocaña)

36. ¿Cuál es mi mayor disfrute? Mmm... creo que comer en familia y amigos, que es lo que hice hoy. (Gisela Becker)

37. Mi manera de disfrutar es compartir buenos momentos con los amigos. (Ana Moral)

38. ¿Me vas a hacer pensar el día de mi cumpleaños? (Josete García)

39. ¡Mi manera de disfrutar es sorprender a los que más quiero! Con sorpresas, con fiestas... con todo lo que no esperen. (Raquel Alcolea)

40. Mi manera de disfrutar... pues ahora, si te digo la verdad... ¡viajar! Creo que es la manera de la que más disfruto, ¡me apasiona! (Carlos Andrés)

41. Pues mira, ahora voy a hacerme un Nesspreso, coger una novela nueva y tirarme a la sombra a coger fuerzas... ¡para luego empezar un quilt nuevo! Tengo más formas de disfrutar, pero hoy no me caben. (Clara Soloaga)

42. Hacer el amor. (Isabel Cañelles)

43. ¿Mi mejor manera de disfrutar? La verdad es que hay muchísimas cosas con las que disfruto, algunas con personas y seres queridos y otras en soledad, pero es probable que sí que haya un punto en común a todas ellas y es el hecho de estar presente en aquello que estás haciendo, para que el disfrute sea todavía más intenso, dejar a un lado los ruidos mentales. Debo confesar que en términos generales tengo la gran suerte de ser muy disfrutona :) (Victoria Yagüe)

44. Mis peques. (Mamen Fernández Cabello)

45. Para disfrutar, un poco de ejercicio, libros para leer, una buena familia como vosotros y tus padres y los nietos. (Pepe Amezcua)

46. Disfruto sintiéndome viva. (Ana Marta Benito)

47. Mi mejor forma de disfrutar es la moto, pero voy a compararla bien contra las demás. (José Manuel Hernando)

48. Yo disfruto de las cosas sencillas de la vida. Mi familia, mis amigos y tirándome al sol en una bonita playa. Un paseo por el campo con un bocata de tortilla y mis amigos. No pido mucho... pero un buen crucero también me hace feliz, ¡ya ves, con cualquier cosilla! :-D (Loli González)

49. En Asturias, disfrutando del buen tiempo, de mi amorcito, de este paraíso y del golf... ¡mucho! (Martha Kreklau)

50. A lo largo de nuestra vida nos suceden muchas cosas, vivimos grandes y no tan grandes momentos, algunos tristes también... Conocemos a mucha gente, a muchas personas las recuerdas si le pones atención, a muchas menos de cuando en cuando se vuelven a cruzar en tu

camino, a muy pocas las llevas siempre contigo, aunque haga mucho tiempo que no las ves o hablas con ellas... Tú, querida Elisa, eres una de ellas. (Guillermo Cuevas)

51. Pues mi mejor manera es reírme con los amigos, pasar los ratos bailando y nunca, nunca discutir, eso es disfrutar. (Nines Domínguez)

52. Jugar con la maquinita, que abarca la PS3, la PS Vita y cualquier chisme con pantalla, sea móvil, PC o tablet... en cada sitio se descargan juegos distintos. "Firmado: un friki" (Bruno Conty)

53. La verdad es que soy muy disfrutona, jeje, e intento hacerlo con las cosas pequeñas y cotidianas. (Mery Yanes)

54. Pues la tengo que pensar, pero creo que es las reuniones con gente querida, especialmente en una playa, un monte o un barecito. Viajando también. Pero lo tengo que pensar. (José Luis Peña)

55. Ahora el disfrute lo vivo a través del disfrute de otros: cuando veo la sonrisa de mi hija al llegar a casa y ver a sus hermanos y éstos la miran cual diosa, es un momento fantástico. Como fantástico es el momento en que cae la noche, logramos dormirlos a todos y se hace el SILENCIO, nos tiramos en el sofá con una cerveza y vemos un capítulo juntas de una serie que nos guste. Fantástico también es cuando fantaseo con que estaremos solas algún día en una playa o un buen restaurante... jajajaja, en fin, este es nuestro momento. (Belinda Gracia)

56. ¡La montaña, uno de mis disfrutes preferidos! Y es que la montaña cura. (Teresa García)

57. Ya sabes que una de mis maneras de disfrutar es hacer mis rutitas gastronómicas con mi familia :) Este verano hemos aprovechado para degustar la gastronomía gaditana. (Linarejos Pérez)

58. Mi manera de disfrutar es verlo todo como un gran regalo, agradecerlo y así sentirme feliz a cada rato. Compartir esa alegría con los que tengo al lado. (Pilar Salazar)

59. ¡Muchas gracias! Pero no tengo ni idea de darte alguna pista de disfrutona, todo muy simple y normal... con cosas simples a veces se disfruta muchísimo. Pero lo mejor es parar a pensar lo que estás

disfrutando, porque si no lo piensas, no lo disfrutas tanto, ¿no? Como que pasa sin que lo interiorices. (Sara García Poveda)

60. Yo disfruto cocinando, porque el proceso me gusta mucho y el resultado produce en los demás felicidad... si está rico, claro. (Santiago Villa)

61. ¿Maneras de disfrutar?

- Reírme con mis hijos.
- Tumbarme en el sofá con mi pareja a ver una peli antigua.
- ¡Bailar! Y si no puedo, cantar a gritos en el coche.
- Vicio (in)confesable: tumbarme en el sofá con una copa de vino a ver programas americanos de vestidos de novia y reformas de casas (si no tengo niños ni pareja).
- Trabajar... Sé que es raro... pero amo lo que hago y amo Sephora ¡y el 90% del tiempo lo disfruto mucho! (el otro 10%, hago los otros 4 de la lista).

Un beso (Beatriz Torres)

62. Mi manera de disfrutar, además de estar con la familia, te cuento: una cerveza fría, una muy buena música, y una interesante conversación. ¡Las tres cosas combinadas no tienen precio! (Antonio Peral)

63. Gracias Eli, seguro que tu libro será un éxito. Yo disfruto de varias maneras, pero te diré que con lo que más disfruto es con mi perrita, compartir comida, paseos y vida, quizás la clave sea ese "compartir": disfruto más de una comida en buena compañía compartiendo las viandas, disfruto más de un lugar o paisaje compartiéndolo con los demás, disfruto más de mi trabajo compartiéndolo con el público. Compartir me hace disfrutar. (Julián González Medel)

64. Pufff, tengo taaaantas maneras de disfrutar... Más bien es al contrario, evito aquello que no me hace disfrutar, material o inmaterial. Abrazos de mi hija, amigos, sol, comida... ¡tantas cosas! No en vano mi madre me llamaba 'el disfrutón'... (Pablo Montoliú)

65. Antes de nada, ¡gracias! De seguido, ¡enhorabuena por vuestro compromiso! Deseando que me cuentes la pedida.... Y doble enhorabuena por el primer libro, que estoy convencida que no será el

último, pero ahora a disfrutar del primero. Y respondiendo a tu pregunta (porque tú nunca mandas un mensaje estándar ¡y eso me chifla!) tengo muchas maneras de disfrutar, pero la que más estoy practicando consiste en disfrutar en cada momento lo que está pasando, independientemente de si las cosas salen como desearía o no. Si es de la primera forma ¡es la caña! Y si es de la segunda, aprovecho para pensar el para qué esa situación y qué aprendo de ella. Evidentemente no todos los días estoy en mi centro, pero según pasa el tiempo me doy cuenta de que se da con más asiduidad y el disfrute es mayor. Solo así puedo gozar con la gente que me rodea, que es 'quality people', de mi trabajo, de mis actividades extralaborales... etc. Espero haber contestado a tu pregunta, no sé si era lo que buscabas pero al menos disfruté escribiéndolo. ¡Con ganitas de verte, compi! (Esmeralda González)

66. Pues soy una persona a la que le gusta mucho sentirse vivo. Y para disfrutar hago muchas cosas que me lleven al límite, para superarlo. Me encanta vencer mis miedos y límites: hacer largas carreras de montaña en las cuales no tenga claro si terminaré, escalar paredes, meterme en cuevas... Y saberme pequeño y limitado, pero capaz. También me gusta disfrutar de estar conmigo. Viajar solo y pasear, descubrir ciudades a mi ritmo. (Dani Durán)

67. ¡Ahora disfruto mucho pasear en moto! Por lo lindo de estar metido en el paisaje. Me gusta también sentir el olor del campo. (José Manuel Hernando)

68. Déjame pensar cual es mi mejor manera de disfrutar y te digo... así a la primera: musiquita, niños dormidos, limoncello, y libro o peli con mi churrito al lado. (María García Poveda)

69. ¡Disfrutar! Con amigos y mi familia, estando rodeada de gente que te quiere y que te arropa en lo bueno y lo malo. (Inés Nogales)

70. Disfruto viviendo... y teniendo tiempo para no atropellar una kosa kon otra. (Jennifer Gómez Esteban)

71. Mi mejor manera de disfrutar es estar con mis amigos/pareja y hacer cosas especiales, como recorrerme Milán en bici, pintar con acuarela el atardecer y una buena comida vegana :) También disfruto siendo

independiente y aislándome, lo necesito para desconectar. (María Rodagua)

72. Yo disfruto muchísimo viajando con la gente que quiero y compartiendo momentos de conversación con buen licor, buena música y mucho cariño alrededor. También disfruto mucho con el arte: concierto, libro, teatro o similar. Me emociona la belleza y lo bien hecho. (Arantxa Barredo)

73. Mi manera de disfrutar es vivir y sentir el presente, abriéndome a todas las experiencias y personas que la vida me regala, crea que son mejores o peores; algunos lo llaman Presencia... (Iván Paredes)

74. Mi forma de disfrutar:
   - Ejem...
   - Dormir mucho.
   - Viajes chulos con la familia y descansar en vacas.
   - Probar todo lo nuevo chulo de electrónica.
   - Hobbies, me falta tiempo, pero me puedo buscar muuuchos.
   - Ah! Se me olvidaba: ¡buenas comidas, con buen vino, en buena compañía!

   (César de la Torre)

75. ¡Gracias! Estoy haciendo un retiro hasta hoy a mediodía, que no es mala forma de celebrar. (Berna Wang)

76. Mi disfrute ideal es sentado en una mesa charlando con una persona interesante y compartiendo una botella de buen vino tinto. Nada más y nada menos. (Alejandro Conty)

77. Intento disfrutar los pequeños y grandes momentos (como estos mensajes) que me regala la vida en el día a día, que son muchos y quizá no nos damos cuenta. Aunque creo que si tengo que elegir es con mi amiga 'la sonrisa'... ¡que muchas veces se nos olvida sacarla a pasear! (Eva Serrano)

78. En hora buena decidiste escribir un libro, me encantará contribuir, aunque debo encontrar primero a las musas, que no sé si andan tan dormidas como yo. De momento, voy a disfrutar de un café, que en

esas pequeñas cosas también se encuentra deleite. Disfruta de Málaga. (Laura Sanz)

79. Disfruto con: la familia, los amigos, un libro, el cine, un concierto, la buena comida, los viajes, jugar con mi perra, tantas cosas... (Mildred Laya)

80. Si quieres podemos hacer un ensayo acerca de la libertad y las múltiples formas en las que se puede disfrutar con un par de esquís... (Edu Pajares)

81. Qué bien, me parece un manual extremadamente útil en estos tiempos, porque yo creo que a veces son tantas las obligaciones y compromisos, que casi nos sentimos culpables por permitirnos disfrutar a nivel individual. La idea es muy bonita y puedes ayudar a muchas personas a descubrir que, al final, lo que más te hace disfrutar en la vida está muy cerquita y depende mucho del 'saber mirar'. Me hubiera encantado conocerte mejor, en la época en la que teníamos más trato todos corríamos mucho, porque creíamos que era lo que teníamos que hacer para realizarnos... jajaja, ¡que inocentes! Mucha suerte con el libro, disfruta de todo su proceso de creación. Yo disfruto mucho de mis largos paseos por estos maravillosos bosques que tenemos en Galicia y tengo la excusa perfecta, porque mi perro necesita mucho ejercicio. Y por supuesto, también de esos momentos de reencuentro con esos amigos mágicos (todos tenemos alguno aunque no abundan), que todo lo curan y te cargan las pilas para todo el mes.

82. Mi disfrute es despertarme y verte en la cama... y luego que nos den los buenos días los perrinchis. (David Rodríguez Sánchez)

AGRADECIMIENTOS

Gracias a todos mis imprescindibles

A MIS CÓMPLICES:

Gracias a mi *hermana del alma* Amparo Gutiérrez Silva, culpable conmigo de cienes y cienes de audios interminables, descolocados, espontáneos y a deshoras, desgranando todas las culpas desde la infancia. Gracias por enjuagar conmigo mis deshonras y ayudarme a mostrarlas al mundo. Eres inocente tú también, tanto como aquella niña triste que una vez conocí. Gracias por parir conmigo el proceso y por todo el trabajo con esta portada. Y gracias, sobre todo, por desafiarme preguntándome cuándo iba a decir las dos palabras mágicas: "Soy escritora".

Gracias a Tigre Noja Polman, por darme unos puntos de sutura cuando más lo necesité. Por rescatarme de las garras de la culpa y hacerme ver cuánto más disfrutona puedo ser. Por aclararme entre risas que este libro es mío y potenciar que le den al qué dirán. Y por el pedazo de prólogo.

Gracias a Raquel Ferrer, por invitarme a su casa sin casi conocerme y esperar pacientemente a que yo volviera a la mía.

Gracias a Ayn Rand, por ser la escritora que yo habría querido ser y por hablarme desde el futuro.

A MIS DISFRUTONES FAVORITOS:

A Laura López, por ser mi disfrutona modelo y por todo lo demás que ella sabe.

A Raquel Labrador, por los tres tótems de la trilogía y por las noches de hoguera.

A David, por intuir que esto *era una trilogía*. Por ser mi #1 en disfrutones y el último en lo más importante.

A Marta Blázquez, por inspirarme cómo ejercer sin culpa todos los roles que la vida te propone.

A César de la Torre, por quitarme la culpa de cómo gastar el dinero que uno se ha ganado.

A Cesarina Medina y Luisbe Matías, por la esencia cristalina del disfrute.

A Diana Blanco, por su optimismo realista a pesar de cualquier adversidad, sobre todo las de tamaño gigante.

A Fersantis, por la ideota del casting de personajes, que propició mi atrevimiento de incluir también a todas mis culpas inconfesables.

A Francis Rodríguez y Guita Knoth, por prestarnos su paraíso particular y hacernos sentir como en casa.

A Puri Rodríguez, por su arte, su suite y nuestra integración.

A José Miguel Sánchez y Loli García Cerezo, por su apoyo logístico y su ternura.

A Carlos y Ana, David, Antonio y Mercedes, Miguel y Carmen, Puri y Francis, Miguel y Toñi... y la nutrida lista de aguanosos que nos han acogido en la tierra que me enamoró.

A Mª Jesús Martín, por darme la oportunidad de sentirme una orgullosa escritora local.

A Tessy González y Adrián Heras, por traerme un trocito de la Costa del Oxígeno a las Sierras de Almijara, Alhama y Tejeda.

A Silvia Fortuny, por compartir mi palabro y su isla.

A Nicola Donatis, por llevar una vida de disfrutón profesional, aunque todavía sea muy sufridor.

A Pedro Cladera, que nunca me echó la culpa por ser yo misma y seguir a mi corazón.

A Cati Rubio y Fernando Mañas, el binomio perfecto, por tantas cosas que requieren ser dichas durante una travesía.

A Teresa García, por revelarme lo que era navegar a barlovento y por ser mi *first follower*.

A Germán Alonso porque, gracias al disfrute libertario, he retomado el placer de la lectura.

A Cristina Soriano, por mis ojos verdes.

A Nacho García Notario, por hacerme disfrutar incluso cuando parezco un pollito rosa.

A María Nieto, Teo Olaverri, Jenifer Gómez y Paz Martín, por recordarme que mi cuerpo es mi vehículo indispensable, sin el que todo el resto no sería posible.

A mi maestro de qigong Salvador Fernández, por otorgarme el espacio donde reflejar fielmente mis sonidos, ruidos y silencios internos.

A Luis Bueno, por decir lo que nadie se atrevía a decir y así permitírmelo a mí.

A Rut Muñoz, por el gozo de abrazar a mi niña pequeña y hacerla mayor dentro de mí.

A Roberto Rodríguez, por unir a todos mis personajes y darles paz.

A mi seño, por presumir de mí hasta sacarme los colores. A Mario Martín Vázquez, que la cuidó por mí, por su entrega sin aspavientos y por la grandeza de su sencillez.

A Nati, mi maravillosa disfrutona adelantada a su tiempo.

A mis primos ticos, por contagiarme de su Pura Vida.

A mis 4 abuelos, especialmente a Elisa, por liberarme de la culpa más grande y a Feli, por catalizar que lidiara con la segunda más grande.

A mis 13 sobrinos, por ser representantes vivientes de la máxima expresión de disfrutones.

A todos los disfrutones que aún no conozco, pero que me van a conquistar con su ejemplo, su estilo de vida... y sus fiestas.

A MIS ABREPUERTAS:

A mi *herami* Yolanda, por mis dos grandes caminos: la escritura creativa y el coaching. Para empezar a volar.

A mi pequeña gran Ana Torres, por mis dos grandes sanaciones: las constelaciones y el rebirthing. Para volar ligera.

A mi detallista Maite Perujo, por mis dos grandes disfrutes: hablar en público y liberar mis libros. Para volar alto.

A LOS DE LOS MANUSCRITOS:

A Enrique Paéz, que me tentó con dos borradores justo a tiempo para entender que no era la única culpable.

A Jon Greño, que apaciguó muchos de mis atormentamientos.

A Doina Ro, Zulma Reyo y Debbie Ford, que me han descubierto en sus obras las sombras que tapaban mi luz.

A LOS MAESTROS:

A Isabel Cañelles, spa de mis sentidos y refugio de mis culpas. Gracias por acompañarme en mis tránsitos y verme por dentro, como los Na'vi.

A Loli Santiago, por ser testigo amoroso de la época de mayor sufrimiento de mi vida.

A Eva García Rubio, por sincronizar sufrimientos y no juzgarme jamás.

A Kuke Rey y Pancho Vázquez, por demostrarme que la culpa puede no verse.

A Silvia Cortés y Jaime Pereña, por convencerme, rodeados de viñedos, de que no eran sufridores.

A Miguel Ángel Gutiérrez, por aceptar que siempre le diga que ha sido mi mejor jefe y por bendecirme cuando necesité que dejara de serlo.

A Isabel Catalán, por reconciliarme con el significado más puro y lúcido del concepto sororidad.

A Ana Mingorance, por confiar en mí para las cosas más sagradas.

A Carmen Sánchez Casatejada, por viajar conmigo más allá de los festivales y hasta las entrañas mismas de la consciencia.

A Nuria Lasheras, por iluminar con su buen hacer el camino a un paisaje más humano.

A María Parralo, por despertar con suavidad la alegría que tenía inhibida.

A Mata Amurvelashvili, por acercarme a la mujerona que yo también soy.

A Cristina Serrano, por devolverme la sonrisa por dentro y por fuera.

A Snézana y Mireille, por ponerme en alerta y aprender para siempre.

A Isabel Ceña, por darme permiso para lavar los trapos que me costó tiempo ver sucios.

A mi tío reencontrado, por restablecer las memorias, reconectar los eslabones perdidos y abrirle una puerta al perdón.

A todos mis primos españoles, por dirigirme sin saberlo al universo de la sistémica.

A mis cuñados y cuñadas Laura, Obdulio, Loli, Miguel, Rosa, Oscar, Elena, Mari, e Iván, por ser los mejores espejos donde ver mi culpa y una gente maravillosa.

A todos los SinHijos, malas hijas, ricachones, gastones, mantenidas, leales, infieles y desertores, con nombre o sin él, que me han hecho el regalo de darle voz a todos mis demonios... para después exorcizarlos.

Bendita Culpa

ÚNETE AL CAMBIO

BenditoLunes

Seguimos inmersos en una epidemia mundial, que ha mejorado bastante en algunos países, pero que todavía nos tiene a todos en alerta. Y eso para mí es una razón más para centrarnos en el disfrute: ahora, más que nunca, ha quedado patente que la vida es muy corta como para andar enredados en la culpa. De hecho, como ya estamos saliendo de la pandemia, lo que yo noto flotar en el ambiente es un disfrute exacerbado, unas ganas locas de salir y vivir... como si, efectivamente, no hubiera un mañana.

Únete al cambio:

WEB

LINKEDIN

TWITTER

FACEBOOK

INSTAGRAM

YOUTUBE

BIBLIOGRAFÍA
Referencias e inspiraciones

Todas las referencias, menciones y bibliografía que me han inspirado mientras escribía este libro se han detallado al pie de cada página, para facilitar su lectura. En la versión digital, todas cuentan con su enlace directo; en la versión impresa se ha facilitado el nombre de cada autor, página o red social, para que cada lector pueda buscarlo por su cuenta en cualquier dispositivo; no obstante, he recopilado para ti todos los links en el blog de BenditoLunes:

Este libro se escribió íntegramente en Frigiliana (Málaga) de marzo a septiembre de 2021 y se terminó de transcribir, revisar, editar, diseñar y maquetar de vuelta en Venturada (Madrid), a 2 de diciembre de 2021.

Elisa Agudo

© Fotografía de César Santos

Elisa Agudo nació en un Madrid casi vacío, la víspera del puente de agosto del '73. Eso debiera haberle bastado para ser disfrutona y relajada, pero no. Quizá porque procede de la familia fundadora del Grupo Riofrío, y ya se sabe que los empresarios nunca paran quietos.

A ella no le gustan las etiquetas nada de nada, pero si no puedes vivir sin una, estas son las que tiene en la pared: Licenciada en Empresariales por la UAM y Master Experto en Coaching Ejecutivo por el IEC, formadora en soft skills, consultora de recursos humanos, impulsora del cambio cultural, consteladora, escritora, conferenciante.

Vive a caballo entre la Sierra de Madrid y la de Málaga y, como viajera empedernida, ha visto varios mundos por un montón de compañías y 4 continentes, pero suele decir que los más fascinantes siempre están en el interior de uno mismo. Su camino te puede servir a ti para verlo todo desde otro ángulo. Ni mejor ni peor, sólo distinto.

Lleva escribiendo cuentos desde los 6 años y ensayos desde los 16, pero hasta el confinamiento ni se le había pasado por la cabeza sacarlos de sus cajones y atreverse a que la vieras por dentro.

Este es su segundo título en solitario y la primera vez que publica una trilogía.

Printed in Great Britain
by Amazon